管理 · 量子

辛杰 著

不确定时代的管理变革

MANAGEMENT CHANGE IN

AN ERA OF

UNCERTAINTY

QUANTUM
MANAGEMENT

机械工业出版社
CHINA MACHINE PRESS

当今社会正处于 VUCA 时代，即不稳定（Volatile）、不确定（Uncertain）、复杂（Complex）、模糊（Ambiguous）性的时代，"黑天鹅"事件频发、未来预测模糊化、矛盾问题的不确定性显现，这一切都深刻影响着现代管理的理念、模式、方法和途径，对管理领域的理论和实践都会带来颠覆性的变革。面对新的管理问题和矛盾的出现，我们需要超越传统的牛顿原子式管理，克服其分离、机械、被动、单一、不灵活等缺点。本书构建了从原子管理到量子管理变革的具体路径，即从分离分立到整体和合、共同体，从非此即彼到灰度经营、兼容并包，从重视权威到激活个体、员工赋能，从秩序稳态到动态复杂，从确定、有限性到不确定、无限性，从现实到情怀（使命感、利他性），从他组织到自组织，从被动性到参与性。进而提出塑造量子型领导的具体建议，如突破框架、激荡能量、兼容并包、服务利他、赋能无为等；打造量子型组织的机制，如自组织、平台化＋小微自主体、生态共生等；制定量子战略的方法，如使命驱动、动态选择、灰度经营、赋能用户等。本书还有选择性地介绍了量子管理实践中的典型案例。

图书在版编目（CIP）数据

量子管理：不确定时代的管理变革／辛杰著.
—北京：机械工业出版社，2020.4
ISBN 978-7-111-65064-5

Ⅰ.①量… Ⅱ.①辛… Ⅲ.①企业管理 Ⅳ.①F272

中国版本图书馆 CIP 数据核字（2020）第 041339 号

机械工业出版社（北京市百万庄大街 22 号　邮政编码 100037）
策划编辑：坚喜斌　　　责任编辑：坚喜斌　刘林澍
责任校对：朱继文　　　版式设计：张文贵
责任印制：孙　炜
北京联兴盛业印刷股份有限公司印刷
2020 年 4 月第 1 版·第 1 次印刷
145mm×210mm·7.75 印张·3 插页·122 千字
标准书号：ISBN 978-7-111-65064-5
定价：59.00 元

电话服务　　　　　　　　　网络服务
客服电话：010-88361066　　机　工　官　网：www.cmpbook.com
　　　　　010-88379833　　机　工　官　博：weibo.com/cmp1952
　　　　　010-68326294　　金　书　网：www.golden-book.com
封底无防伪标均为盗版　机工教育服务网：www.cmpedu.com

推荐序一

在高度不确定的后工业时代,传统基于牛顿原子观的管理理论已经无法适应新的管理情境,韦伯所崇尚的理性正渐渐丧失其合理性。时代呼唤着思维变革与管理创新。正如量子管理学的创始人丹娜·左哈尔所指出的:在不确定和质变时代,我们真正需要改变的是思维。要革新我们旧的思维体系,从头改变,换一种思维看世界。

本书从以下七个维度,展现了量子管理的理论与实践的画卷。(1)从时代背景出发,阐明了量子管理的必要性;(2)从量子物理出发,并对比原子物理,阐明了量子管理的理论源起和超越性;(3)将量子管理与原子管理进行对比,阐明了从原子管理到量子管理的八个转变;(4)反思领导者的领导方式,阐明了量子型领导的思维变革和心灵觉醒;(5)反思组织,阐明了量子型组织的新形态;(6)反思企业战略,阐明了量子战略的新思维;(7)从中国企业管理实践出发,以海尔的人单合一、华为的灰度管理哲学、德胜洋楼的激活个体、酷特智能的大数据定制为例，对中国企业的量子管理实践进行了阐述。

量子思维以高度关联、测不准、物我合一、动态复杂、系统性、潜在性、不可控性等为新的特征。基于量子思维的管理范式突破了牛顿式原子管理的局限性，在不确定性、复杂性的时代表现出了强大的生命力，主要体现为：

第一，整体和合。量子管理关注系统的与内在的关联性，领导、员工及组织的其他利益相关者犹如鱼和水的关系。

第二，兼容并包。量子管理尊重多样性，多样性的元素形成和谐的整体，从而推动组织向前发展。

第三，激活个体。每个员工都是富有潜能的存在，管理者需要实现从控制到激活的创新，授权给员工，激活其潜能，使其成为自驱动的个体。

第四，强调使命。量子管理强调使命驱动，组织需要寻找其存在的意义，明确其愿景和目标，以使命感驱动组织成员。

本书由浅入深，化繁为简，将高深的"量子理论、量子哲学"以及东方管理智慧转变为通俗易懂的"管理语言"。除理论阐述外，作者还十分注重与企业实践的结合，将我国企业管理的智慧用量子理论予以诠释，增强了本书的易读性。

阅读本书将给读者带来至少两点裨益,首先,可以让企业管理者领悟到管理的新思维。传统管理者大多将员工视为孤立的个体,通过权威、控制的方式来提高组织管理的效率。然而,针对拥有丰富隐性知识的新时代的员工,管理者必须实施思维变革,才能将员工的潜能激活。管理者应采用量子思维,将员工视为拥有巨大潜能的"能量球";管理者需实现管理职能的变革,由发布命令者变革为量子领导者,变指令为支持与服务。其次,阅读本书可以提升读者的心灵维度。本书展现的不仅仅管理思维的革命,更是一场心灵的觉醒。正如德鲁克先生所言,一个优秀的管理者,不是管理好被管理者,而是管理好自己,管理的使命是促进工作者的自我管理。作者从心出发,强调领导者要摆脱自尊的种种狭隘限制,遵循内心最高动机来行动,以此实现自我觉醒。

量子管理不仅是一场思维的变革之旅,更是一场心灵的觉醒之旅!阅读此书,将助力您成为优秀的量子领导者。

谢永珍

山东大学企业管理研究所所长、教授、博士生导师

推荐序二

2020年，山东大学管理学院辛杰老师的专著《量子管理：不确定时代的管理变革》出版，可喜可贺！

面对不确定环境下企业创新发展的需求，面对中国经济发展的趋势、全球及中国企业管理的未来发展，对不确定环境下的管理理论和管理实践创新，商业领袖必须做出深入的阐述和理解，未来商业的竞争也是管理思想的竞争。新的管理思想的提出，对产业发展和经济振兴是非常重要的，本书的出版可谓恰逢其时。该书系统梳理和对照牛顿式管理和量子管理范式的异同和变迁，将引发管理学界的创新思考，是非常有意义的尝试。

管理学理论的发展是以泰勒的科学管理思想作为起点的，120多年来，大致经历了三个阶段，分别为科学管理理论：以泰勒、法约尔、韦伯为代表；现代管理理论：被管理过程学派代表人物哈罗德·孔茨称为"行为科学学派及管理理论丛林阶段"，行为科学学派以梅奥、马斯洛、赫茨伯格、麦格雷戈等为代表人物；当代管理理论：其理论和代表人物分别为迈克尔·波特（《竞争战略》）、迈克尔·哈默与詹姆斯·钱皮（《企业流程再造》）和彼得·圣吉（《第五项修炼》）。

随着经济和企业的发展，管理也经历着变革，但在管理范式上却似乎还没有本质上的突破和创新。辛杰教授的《量子管理：不确定时代的管理变革》一书，是一本系统阐述牛顿式管理和量子管理范式变迁的创新之作，给予正在努力探索未来管理的管理学者和企业家很多启发和思考。

物理学是一门自然科学，管理学则是一门应用（实践）科学，与社会科学更为接近。1687年，牛顿发表了《自然哲学的数学原理》，点燃了人类科学认识宇宙的曙光。在牛顿的宇宙观中，天地合一。地上的苹果，天上的行星，都遵循简单而普世的科学原理。但是，从天地合一到天人合一，从自然定律到社会法律，这种从自然科学到科学哲学观的提升，却经历了一个漫长的过程，直至20世纪末，我们才逐渐有了牛顿式管理的提法和概念。量子管理在当时只是一种新的思维模式的萌芽和探索，散见在某些管理学者的论文和著作之间，但还非常小众，尚未形成系统的论述。

量子力学和泰勒的"科学管理理论"几乎产生在同一时期（19世纪末至20世纪初），但长久以来，却基本没有人以为它们之间有什么直接或间接的关联。历史公认量子力学的诞生日为1900年12月14日，那一天普朗克在德国物理学会的例会上作了《论正常光谱中的能量分布》的报告，标志着量子论诞生和新物理学革命宣告开始。在科学史上，从来没有过一种理论像量子力学理论一样对人类的思想产生这样意义深远的影响，也从来没有过一种理论在预言这么多不同种类的现象上取得了这样引人注目的成功。但是，量子力学自其诞生后的很长一段时间内还一直停留在科学家的书斋和实验室里，几乎不为科学研究领域外的人所知，更不要说思考其与管理学的联系了。究其原因，其一，它太过诡异，令科学家也感到不可捉摸。量子力学的创始人尼尔斯·玻尔曾经说过："如果一个人没有为量子力学而疑惑不解，那么他就没有真正理解量子力学。"其二，虽然量子力学的理论一再被实验验证，但其背后蕴涵的某些机理却至今未能被揭开。

从普朗克于1900年提出量子论，到1927年量子力学基本确立，人们对宇宙和自然有了完全不同于牛顿世界观的认识，主要涉及三点：其一，物质是不确定的。在接近光速和亚原子尺度，物质（粒子）具有"波粒二象性"，即既具有波的特性，亦具有粒子的特性。其二，在量子力学领域，整体大于局部相加。其三在量子力学领域，非但牛顿机械论式的因果关系不存在，而且如果存在因果的话，也只是统计性因果论，并非确定意义上的。1979年，在普林斯顿纪念爱因斯坦诞辰一百周年的专题讨论会上，美国人约翰·惠勒提出了一个著名的"延迟选择思想实验"来论证这一点，对此，量子物理学界至今仍在讨论中。

对于量子世界，我们所知道的实在太少了！

在20世纪60年代之前，人们虽然也认为物理学对宇宙和自然规律的探寻和发现，可以上升到哲学的角度去思考和表述，但很少有人将其与管理学（或社会科学）相联系。时间进入21世纪，随着互联网的进一步普及和推广，人类开始陷入迷茫：身处变化迅速，令人头晕目眩、眼花缭乱的新时代，人们如何能了解这个变化的时代并与之相适应。在这样一个时代背景下，西方更多的跨界学者开始考虑物理学与管理学的关系，并认为管理学可以与物理学以科学哲学作为桥梁和纽带相互联系起来。

同时，现代物理和东方神秘主义哲学相关联，可以让我们将思考延伸至管理学领域！辛杰老师在国学和中国文化方面是有很深造诣的,所以当学界以科学哲学为媒介和桥梁研究量子管理的时候,辛老师就凸显出了他的优势。

　　本书是量子管理百花园中一枝报春的红梅,预示着姹紫嫣红、百花齐放的盛景,随着量子管理在实践中展现出越发强大的魅力,越来越多的管理学者和企业家认同、接受并参与其中!

　　祝贺辛杰老师第一本量子管理新著问世,期待他在量子管理领域的耕耘结出更多硕果!

　　　　王慧中　同济大学教授、中国量子管理发起人
　　　　周箴　同济大学教授、同济大学原副校长

前 言

时代造就了不同的管理思维,牛顿开创的科学范式深深影响了过去人类的发展,人类在过去150多年间许多进步都建立在牛顿物理学的基础上,采用理性的原子论和还原论等方法来探索、实验和建模。然而,当今社会正处于VUCA时代,即不稳定(Volatile)、不确定(Uncertain)、复杂(Complex)、模糊(Ambiguous)的时代,"黑天鹅"事件频发,经营管理过程中突变现象时有发生,经营战略变得难以预测。《基业长青》中那些被誉为"高瞻远瞩、基业长青"的公司,20多年后仅剩下不到一半真正做到了基业长青,美国运通、摩托罗拉等公司先后跌下神坛,我们曾经试图总结分析成功企业的确定性的优秀经验,并将其奉为圭臬推而广之,但却往往经不起稍长一点时间的检验。以往表面上看起来井然有序的科层制组织结构难以适应快速变化的消费需求和提高管理效能的需求,平台、小微创客等组织形式开始大行其道。知识经济时代的到来使得员工追求人性的释放和拥有更多的工作自由度，对他们是无法进行标准化管理和统一控制的。互联网使得万物互联成为可能，在建设人类命运共同体的大时代背景下，没有一个个体会游离在时代之外，我们需要以"和合"价值观来面对新的时代。

新的管理问题和矛盾的出现促使管理学界探求超越牛顿式管理的新范式、新理论、新实践。海尔集团 CEO 张瑞敏说："这是一个量子管理学的时代。"他提出的"人单合一"模式、去中心化、去威权领导、人人都是 CEO、激活个人、自主经营体、创客机制等都是量子式管理的典范。德胜洋楼的聂圣哲将企业文化运营与量子物理学相联系，员工可以平等、公正地参与组织决策、决议而非组织机器上受控的、可被替换的某个部件，员工因为被尊重而受到激励，从而释放自主意识、爱和内在的潜能。此外，华为的"让听得见炮火的人呼唤炮火""自我批判"，稻盛和夫一直热衷的"阿米巴经营"，阿里巴巴的事业部分拆，小米的去 KPI 等都是量子管理思想的体现。

人生的根本意义在于提升意识能量的维度，《大学》云"物有本末，事有终始，知所先后，则近道矣"，一切学问，不过是为了分清事物的本末先后。现如今，我们往往舍本逐末，见不到根本，只追求枝叶，从而迷失了自性。十多

前 言

年前,我从东方智慧中获得了对原子、质子等的"子"的不一样的认知,这个"子"是其大无外、其小无内的,其表现形式是信息与能量的波动态即量子纠缠,这与近现代量子物理学理论有异曲同工之妙。我当时就朦胧地种下了一颗将量子物理学与管理研究相结合的种子。后来在不少国内外管理学研究性杂志和实务类杂志上看到些许量子管理、量子领导的文章,不少学者如左哈儿、谢永珍、王慧中、孙新波等已经做了积极有益的探索性研究。尤其是在 2019 年第 2 期的《中国社会科学》上所发表的数篇量子哲学、量子理论的研究论文,这些研究成果进一步启发了我们的心智并更坚定了我继续做此研究的信心,部分拙作已经问世,如发表于 2020 年第 1 期《管理学报》的《从原子管理到量子管理的范式变迁》等。

尽管量子管理的重要意义已经开始受到广泛关注,然而,其管理实践与研究才刚起步,很多基本的理论问题需要界定和厘清,量子管理的内涵和外延是什么?从原子管理范式到量子管理范式变迁的内在动力是什么?量子管理与传统的基于牛顿思维的原子管理相比到底有着怎样的区别和先进性?从原子管理到量子管理变迁的实践路径是什么?带着这些问题,我开始了这场充满喜悦但又具有挑战性的量子管理研究历程。这个历程也是自己"修心开智"

的过程，它不仅仅是一种体验式学习的方式，也包含了对活泼生命和万事万物的一种深深的敬畏，以及延展生命无限可能性的空间。人们渴望了解自己，渴望天性爆发，渴望开启心灵的无穷性。这些潜意识层面的开发不需要教导，只需要撞醒、激发和开启！人各有性，各得其正，我们要自己觉醒上路。

能够支撑一个学者为此究其一生、付出心血并快乐地享受，其中的动力是什么？明心见性，一颗真诚的心是最有力量的。铁肩担道义，妙手著文章。写出"惊天地、泣鬼神"文章的前提是学者的真诚与责任。对德鲁克先生有过深入了解的人都知道，他的学问来自对宇宙苍生的责任和道义，对国家、土地、文化、人类、历史、人生都具有高度热忱的关注，他在用身心真切地感受。拥有了真诚的内心和责任感，才有勇气去质疑当下管理的不足，掌握管理的内在规律，关注整个社会的发展与健康，让世界拥有更多的公正、美丽和机会，成为更美好、更宜人、更能持续发展的地方。现代与非现代的管理学背后区别是管理学所管理的对象变换了根本的结构。量子管理学是全球最前沿的管理理论之一，目前仍然处在学科的萌芽期，现代管理学界还没有构建出一套较为完整的理论体系，但是，这方面的研究与理论已经给西方疲惫的管理学界带来了巨大的观念冲击。我们生逢其时，要好好把握、悉心研究，结合企业实际管理情况，尽快把理论研究成果应用到管理实践当中，帮助中国企业快速健康发展。

真正意义上的管理研究是指向未来的，是追寻终极关怀的。在反思与回归中，中国管理研究学者需要给予企业管理、人生管理以及人类生存命运全面、整体和根本性的关怀。他们不仅要对当下的种种危机与困惑做出最深入、最彻底的思考和应对，而且要指向人类的终极目标和终极价值，从而从有限走向无限，从短暂走向永恒，从对立走向统一，从肉体升华到精神，从器物升华到信仰，从此岸到达彼岸。基于这种终极价值的定位与关怀才能使他们朝着"终极目标"不断地自觉追求，达到全面自由的研究和发展。

中国古人说"人磨墨，墨磨人"。你在磨墨的时候，墨也在磨你；你在养花的时候，花也在养你。写书和教书的过程中受益最大的其实是自己，因此，在本书付梓之际，对养育我的父母，我亲爱的家人，曾经拜访、求教过的师长，相互帮助过的朋友和授课过的学生道声感谢！感恩生命中有您，让我们一起前行！因作者的学识能力所限，书中不可避免会出现不少错误，还望读者朋友不吝指正。

目 录

推荐序一
推荐序二
前言

第1章　量子管理滥觞：我从哪里来 / 001
　一、量子管理的时代背景——VUCA / 003
　二、量子管理的奠基者 / 015
　三、牛顿式管理过时了吗 / 020
　四、量子管理呼之欲出 / 027

第2章　量子管理的科学基础：我是谁 / 035
　一、经典科学与原子物理 / 037
　二、量子物理的诞生 / 040
　三、量子物理的五个颠覆 / 044

第3章　原子管理和量子管理：我到哪里 / 051
　一、从分离分立到整体和合、生命共同体 / 060

二、从非此即彼到兼容并包 / 068

三、从重视权威到激活个体、员工赋能 / 071

四、从稳态有序到动态复杂 / 074

五、从确定、有限性到不确定、无限性 / 077

六、从现实到情怀（使命感、利他性）/ 080

七、从他组织到自组织 / 083

八、从被动性到参与性 / 086

第4章 量子型领导：一场觉醒之旅 / 091

一、突破框架，自我觉醒 / 093

二、互动关联，激荡能量 / 102

三、探索求新，兼容并包 / 107

四、平衡把握，共享共赢 / 111

五、自下而上，服务利他 / 119

六、赋能无为，释放人性 / 122

七、重建秩序，着眼全局 / 136

第5章 量子组织：无为才是大有为 / 139

一、打破科层制，扁平化 / 144

二、自组织，无为而治 / 148

三、组织交互，信息共享 / 151

四、平台化 + 小微自主体，聚合效应 / 154

五、倒三角，组织零距离 / 167

六、前端牵引，快速响应 / 168

七、生态共生，突破边界 / 172

第6章　量子战略：破茧重生之道 / 177

一、扩展时空，应对不确定性 / 179

二、深度洞察，使命驱动 / 184

三、动态选择，增长耐性 / 186

四、战略平衡，灰度经营 / 188

五、释放内能，聚合外能 / 190

六、数据共享，C2M / 195

七、感知交互，赋能用户 / 197

八、精神体验，创造附加值 / 199

第7章　量子管理实践：我们已经在路上 / 201

一、海尔的人单合一、人人创客 / 203

二、华为的灰度管理哲学 / 213

三、德胜洋楼的激活个体文化 / 221

四、酷特智能的大数据定制化生产 / 226

第 1 章

量子管理滥觞：
我从哪里来

一、量子管理的时代背景——VUCA

当今社会正处于 VUCA 时代，即不稳定（Volatile）、不确定（Uncertain）、复杂（Complex）、模糊（Ambiguous）的时代，科技迅猛发展，知识爆炸式增长，政治多极化、经济全球化、形势复杂化、未来预测模糊化、矛盾问题的不确定性等趋势越来越明显，这一切都深刻影响着现代管理的理念、模式、方法和途径，对管理领域的理论和实践都会带来颠覆性的变革。以往表面上看起来井然有序的科层制组织结构难以适应快速变化的消费需求和提高管理效能的需要，平台、小微创客等组织形式开始大行其道。知识经济时代的到来使得员工追求人性的释放和拥有更多的工作自由度，对他们是无法进行标准化管理和统一控制的。越来越多的企业正在遭遇这样一个难题：过去宏大的十年规划、五年规划，甚至三年规划，到今天突然不适用了——它们面临战略重启。年初敲定的决策，到了年底发现并没有实施多少，甚至出现大翻盘。互联网使得万物互联成为可能，在建设人类命运共同体的大时代背景下，没有一个个体会游离在时代之外，一成不变的组织架构在过去可以稳妥地运转，但在今天的互联网浪潮中，却不再稳定……这一切都源于时代的更迭。管理进入了一个不确定的时代。

1. 当今的时代特征

相比过往，当今的时代特征表现在如下几个方面：

（1）人们之间的空间距离在缩短，交往速度在加快，传统的区域壁垒、行业壁垒、企业壁垒随之降低，甚至坍塌，不同区域、行业、企业间的关联在加强，关系更紧密。

（2）世界发展的不确定性和复杂性不断加剧，使得人们面临的局面和格局变得更加混沌和模糊，多样性、多元化的格局使得世界的宏观无序性在增强；从宏观世界到微观企业，混沌和无序将会占据主导地位。

（3）随着知识经济时代的到来，知识型员工成为企业的第一资源，是企业核心竞争的主力军，对他们是无法进行标准化培养和统一控制的，他们有自己的思想意识和主张，他们希望有更多的自主权和自由度，由自己根据对市场和客户的需求判断做出行动的决定。知识的爆炸性增长和掌握了大量知识的不同个体的空前频繁的交往，形成了一个巨大的由人、物、信息构成的复杂巨系统，为人类的创造性活动提供了无数大大小小的可能性空间。

（4）互联网时代的到来，使得社会系统中的各个单元之间关联性越来越强，人与人之间影响思考和行动的微妙关联突破了地域、时间的限制，实现了全球范围内的泛在化网络连接，带来了社会结构的深刻变化；由于互联网时代的到来，人们的交往更为丰富、复杂和深入，形成了一个难以预料的全新世界。

（5）组织结构会发生颠覆性的变革，企业内外，由于有了互联网，人与人建立起了非正式的关联渠道，信息和能量在时时刻刻流动着。企业再也不是以往可以被精确控制的机器，员工也不再像以前一样受到自上而下的管控，横向的联动、无边界的互动让每个员工的自由度大大扩展。

（6）传统的层级管理及组织结构已经无法适应这种以混沌和无序为主要特征的企业，追求稳定、秩序和可预测性，而排斥不稳定性和不可预测性的静态而非动态的结构往往是许多企业夭折的一个重要原因,传统的层级型的正三角组织结构已经不能适应既存在随机性,也存在关联性的个体流动和发展。

2. 消费者需求的四大趋势

消费者需求的四大趋势也在呼唤量子管理时代。

(1) 消费升级,新中产阶级崛起,消费者需求层次提高。从吃饱到吃好、吃健康,从产品的使用价值到体验价值,从低质低价到高质优价,要求组织更具有使命感和责任担当、更具有创新潜能、拥有更高素质的人才和价值创造活力,才能真正为社会提供高品质的产品和服务。换句话说,组织不再是简单地做生意、做买卖,而是要有使命驱动、事业驱动;组织不再靠低成本的劳动力优势,而是要靠创新驱动。中国经济发展到今天,已进入了一个高品质发展的时代。高品质发展时代的核心是组织更受使命驱动,真正靠人才、靠创新去驱动,真正为社会提供安全、环保、高品质的产品和服务。

(2) 消费者代际差异的加大与消费者需求变化的加速。我们现在所面临的消费者,尤其是"85后""95后",都是数字时代的原住民,他们购物时基本是线上、线下两线买,买任何一个东西也不再简单地看牌子大不大,或者是价格低不低,他们要经过精细的对比。所以,这一代消费者是精明的消费者。要满足消费者差异化以及个性化的需求,要求组织更简单、更敏捷、管理程序更少、结构更扁平、决策链条更短、责任更下沉、权力更下放、员工自主性更强,使得组织触角能够延伸到市场终端、能够接触到消费者、能够影响到消费者。传统组织现在所面临的问题就是离客户太远,人才被动工作。所以,作为企业,如何贴近客户、洞悉客户需求、快速响应客户的需求,如何使得员工从"要我干"到"我要干",是现在组织转型必须要考虑的。

(3) 消费者主权意识崛起。购物社交化使口碑胜于一切。如今大量交易都在社交圈子内进行,买一个东西就相互之间分享。所以,朋友的口碑、社交圈子里的分享,对产品购买的冲动影响越来越大。消费者对产品服务信息的知情要求和购物的分享习惯,要求组织必须开放,打破组织的边界和员工的边界,内部员工和外部客户必须跨界,身份要互换。在某种意义上,现在消费者要参与到企业的研发、生产、销售全过程中。

(4) 现在的消费者是消费体验至上。消费者的心理需求大于实际需求，消费者的价值诉求不再是简单、单一的功能诉求和碎片化的价值诉求，而是一体化的体验价值和整体价值诉求。所以，场景化体验和参与式购买体验，要求组织打破基于严格分工的功能性组织结构。为什么现在越来越强调组织要跨团队、跨职能协同？因为组织要整合产业资源，其实就是要通过产业资源的整合，通过组织内部的自主协同机制，优化消费者的场景化体验和参与式购买的体验，这就要求打造平台化组织。为什么现在要构建新的组织生态？因为组织要从过去的垂直结构过渡到构建"平台化＋自主经营体＋生态化"结构，这也是消费者需求的变化。

3. 人才需求的四大变化

人才需求的四大变化呼唤量子管理时代。

（1）人才变了。知识型员工成为价值创造的主体，拥有了更多剩余价值的索取权和话语权。人才一旦变成企业价值创造的主体，至少会发生两个变化：一是对组织的治理提出全新的要求，要参与企业的经营决策；二是对剩余价值的索取。现在，要通过人力资本的创新，要通过事业合伙机制，实现人力资本和货币资本相互共治。为什么现在事业合伙制特别火？其实就是为了适应知识型员工已经成为企业价值创造的主体这一现实，使得人力资本和货币资本之间不再是单一的雇佣关系，而是事业合作伙伴关系。

（2）个体力量的崛起。有了互联网，个体的力量改变了组织和人之间的关系。企业的核心人才主要有三类：一是经营天才。一定要寻找到具有经营意识的天才，尤其是在互联网时代，对AI有敏感性，对未来的趋势有洞见性的人，就是领军的经营人才或者经营天才。二是技术创新天才。一个技术创新天才可以抵一万个普通员工，一个天才可以点燃整个组织，也可以颠覆整个组织。三是高潜质人才，可培养、可学习，学习能力、可塑性、执行能力都很强。这三种新型人才在互联网时代能够借助于互联网、共享经济，突出表现自身的价值。过去，组织大于个人；现在，某种意义上讲，个人创新有时候会大于组织。组织为什么现在要突出无中心化、去中心化？其实就是因为某一个个体的创新可能会点燃整个组织、引爆整个组织。所以，中心不是确定的，组织的核心不再是确定的。

（3）万物连接创新人的组织与劳动价值创造方式，创新人的沟通与组织协同机制。数字化、互联网与人工智能，使人的劳动价值创造方式与协同方式发生了革命性的变化。

为什么现在企业可以实现"平台化＋分布式"的作业？就是因为有了互联网、人工智能。

（4）随着人才需求层次和参与感的提高，人才对自主个性的尊重、机会的提供、赋能与发展空间的需求越来越强烈。所以，在当前企业，尤其是在很多创新企业中提出了"四个更"：一是创造更宽松的环境，让员工能够更加自主地创造价值；二是赋予更激动人心的工作意义，让员工有使命感，觉得做这件事不单是为了钱，而是具有更重要的生命意义和价值；三是让员工有更新异的创造技能，我们现在所面临的问题是很多员工的技能和知识结构已经不能满足新的商业模式和客户价值需求，所以，员工的知识结构、技能结构需要跨界融合，才能提高员工的综合作战能力，这就需要员工有更新异的创造技能；四是要为员工提供更好的工作场景体验。

4．组织管理的四大主题

组织管理的四大主题呼唤量子管理时代。

（1）让员工快乐地劳动、快乐地奋斗。要创造工作场景的积极体验，而且要让员工工作场所的积极体验和客户体验连接，这是现在最重要的。企业要创造的新的消费场景并不是单一的客户场景，要让员工在其中也获得一种积极的工作体验，实现员工的工作体验和客户体验的连接。换句话说，员工的体验和客户的体验要融为一体，只有员工的体验和客户的体验融为一体，才能真正为客户提供积极的场景体验。所以，员工的工作场景的积极体验与客户体验的连接，是我们现在考虑客户场景创新很重要的一个组成部分，也是当前组织发展的主题。

（2）整个组织要开放、无边界。打破过去的科层制组织，只有开放协同、自动协同的组织，才能让员工想干。要给员工提供一个想干、能干的环境，并激发员工的组织活力，组织就必须是开放、协同性的，不再是封闭式的、金字塔式的，这就要对组织进行变革。在企业内部，强调划小责任田、倒三角的组织变革，在某种意义上，都是要激发人的活力，激发人的价值创造效能。

（3）尊重个体力量，唤醒个体，赋能成长。现在的组织运行大多是权力导向的，决策重心过高，程序繁复，难以激活员工个体，因此需要围绕着激活员工的价值创造、激活个体来进行改进。所谓激活个体，就是让员工有使命感，通过使命连接、愿景驱动。

（4）未来的组织更轻、更简单。未来的组织变革面临

"五个去"趋势，即去中介化：缩减中间层，降低组织决策重心，减少管理层级，打造扁平化、平台化、赋能型的组织；去边界化：拆企业墙，拆内部流程和部门墙，真正实现跨界，形成生态交融体系；去戒律化：破除各类清规戒律，充分信任员工，真正让员工主动承担责任，具有工作自主性；去威权化：领导就是赋能，不再是单一的指挥、命令、控制；去中心化：企业的中心是动态变化的，组织的中心、重心会根据外部的变化、客户价值创造能级的大小，不断进行调整。

5. 数字化、人工智能

数字化、人工智能呼唤量子管理时代。技术发展到今天，进入一个数字化、互联网、人工智能的发展时代，这个时代最突出的特点是重构了人与组织之间的关系。最近，腾讯的马化腾提出，未来中国经济创新的新动能是数字经济。未来，对组织变化最大的影响因素是数字化与数字经济。数字驱动真正实现了线上、线下的高度融合，通过数字化可实现数字化的商业场景，以智能商业引领组织的发展。数字化时代，中国企业面临的最大问题就是如何进行数字化转型，提高中国企业的竞争力。数字化不仅仅是一种技术革命，更重要的是一种思维方式、认知方式的革命。未来的需求将通过数字化来表达、传递，未来的人才供应链也将实现组织战略业务数字化与人才数字化的连接与交互；未来人的能力的发展也是数字化的，包含数字化的经营与管理的意识、数字化的知识体系与任职资格。数字化的工作技能、数字化的沟通与协同能力、数字化的文化与数字化的伦理道德行为、数字化的领导力、数字化的人力资源管理平台、数字化的价值创造过程与成果的数字化含量等，对我们都将构成全新的挑战。

华为的使命现在是"把数字世界带入每个人，每个家庭，每个组织，构建万物互联的智能世界"，华为的途径是"技术创新与客户需求双轮驱动，做多联结，撑大管道，使能行业数字转型"。华为非常敏感地发现未来的战略成长点是行业数字转型，未来的业务增长点就是万物互联、万物感知、万物智能这三个要素。大家可以看到，华为在往虚拟走，腾讯在往线下走，一个叫"+互联网"，一个叫"互联网+"，现在已经成为一种新的趋势。传统企业哈药集团也提出要构建高效数字化的运营新生态，其实就是要通过数字化来打通整个产业价值链，从生产的数字化、产品流向的数字化到物流管理的数字化再到采购数字化和销售市场的数字化，围绕客户、消费者来实现数字化的转型。数字化不再只是信息的数字化，而是运用多种 IT 技术采集全流程的大数据，实现从产品制造到物流再到销售的全程数字化。通过大数据来实现决策，形成生态链的互动模式，提高整个企业的管控效率。企业只要实现了数字化，组织一定会扁平化。

新的管理问题和矛盾的出现使得管理学界开始探求超越牛顿式管理的新范式、新理论。量子论告诉我们，系统行为是无法预测的，20 世纪 70 年代出现的混沌理论也给了我们一个启示：管理中的不确定性来自世界混沌的本质，就像经济、政治、技术的不确定性，都根植于一个更基本的不确定性，即事物本性的不确定性和对未来世界的不确定性。企业家如何重新面对未知的、复杂的和不确定的未来？不确定的时代，传统的管理范式如何变迁？在企业里，个人和组织的关系又如何被重构？面对这些新变化、新问题、新矛盾，全世界管理学界的专家学者、各国企业家和 CEO 都在积极寻找解决这些问题的实践模式、方法和途径，开拓和构建新的现代管理理论。西方发达国家的管理学家、哲学家和企业家早在 20 世纪就开始了探索的旅程，初步形成了一些观点和思路。20 世纪 90 年代，哈默、彼得·圣吉等管理大师提出，在充满不确定性的信息化时代，企业必须改变管理思维，管理者只需告诉下属要达到什么目标，提供实现目标的资源和条件，然后充分授权即可。2015年前后，研究范围跨越量子力学、哲学和心理学等多个领域的牛津大学教授丹娜·左哈尔（Danah Zohar）首次提出量子管理学概念，她认为自上而下的科层管理已经成为顽疾，提出"自下而上"的量子组织构想并提出量子式管理的特征，如应诉诸整体而非个体、关系而非分立、多样性而非单一性、复杂性而非线性、兼容并包而非非此即彼等。事实上，放眼今天的世界，也并不难看到跟左哈尔所描述的情形类似的组织，大多数著名的互联网企业如脸书、腾讯、阿里巴巴、亚马逊、谷歌、苹果等，它们的领导者在思维方式上，都堪称量子领导者。他们尊重不确定性，并且能够巧用这种不确定性来拓展自己事业的疆域。

二、量子管理的奠基者

丹娜·左哈尔是"量子管理"的奠基人，被称为融合东西方智慧的当代管理思想家，被《金融时报》誉为"当今世界伟大的管理思想家"。她在麻省理工学院获得物理学和哲学学位，后在哈佛大学获得哲学、宗教及心理学硕士及博士学位。丹娜·左哈尔1945年生于美国，目前定居英国牛津。她在牛津大学格林坦普顿学院及牛津布鲁克斯大学教授企业领导相关课程，还主持一家管理顾问公司。她将量子物理学引入人类意识、心理学和组织领域，著有《量子自我》《量子社会》《重塑企业大脑》《魂商》等畅销书。世界著名量子物理学家、前沿思想家、理论物理学教授大卫·鲍姆（David Joseph Bohm）对丹娜·左哈尔评价道："丹娜·左哈尔不但对现代物理学与意识做了成功的整合，也对现代物理学与社会和宇宙环境中的人类个性做了成功的整合。"《第五项修炼》作者、麻省理工学院组织学习中心主任、世界管理大师彼得·圣吉（Peter Senge）对丹娜·左哈尔评价道："利用多年的职场经验，左哈尔形成了一种关于组织的思维方式，它能够潜在地应对当今的核心挑战——通过创造一种不破坏社会和自然资本的共同生活方式来创造物质资本。"

丹娜·左哈尔所著的《量子领导者：商业思维和实践的革命》一书让人耳目一新。作者一改经济学界、管理学界理论创新的常规做法，引入量子世界观，强调整体而非部分，强调关联而非分离，强调用多重视角来看待问题、用多种方法来解决问题而非一条路走到黑,强调问题而非答案,强调复杂性而非简单化。《量子领导者:商业思维和实践的革命》一书提出,量子组织具有整体性(全球化背景下,中等以上规模企业需要适应全球各地市场或社会环境的变化,灵活做出反应,这要求企业具有灵活性,主动适应各类生态环境,主动构建与各类环境进行沟通对话的基础架构);量子组织能够应对不确定性(量子组织的基础架构具备波粒二象性,如同可移动的墙一般,能够进行灵活的调整和部署,组织体系之内既有竞争性又有密切合作);量子组织是自下而上,在多元化中成长的(综合不同层次责任、适应各式教育、专业和职能背景的人,建立起匹配的组织架构,有助于权力和决策下放),能够经常性地开展"即兴演奏",具有趣味性,能够让人沉浸其中并激发出创造性。量子思维具有和串行思维完全不同的七大基本原则:整体论、非决定论、涌现性、兼容性、潜在性、参与性和公私融合性。《量子领导者:商业思维和实践的革命》一书分别评析了西方和东方的管理思想。丹娜·左哈尔认为,西方国家深陷各种经济、政治"危机",正是缺乏量子思维所导致;而中国,以东方的智慧结合西方的思维,将有更加明媚的未来。她提出的"自下而上的自组织"是大势所趋，充分发挥员工的创客精神，整个企业才能充满创造力，才能领先一步，获得长久发展！她提出的"服务型领导"口号，号召企业领导告别高高在上的姿态，以仆人的心态来做领导。帮助他人，成就自己。服务型的商业领袖，不仅为股东、员工、客户服务，也为集体、地球、人性、未来服务！丹娜·左哈尔融合东西方智慧，深入剖析了为什么传统商业系统如今不再奏效，对比了牛顿式管理和量子管理模式的优劣，并提出了企业引入量子变革、构建量子管理系统的原则和路径。丹娜·左哈尔认为，量子科学与东西方管理思想的结合，旨在结合东西方的管理优势，更好地遵循量子化的技术和社会变化方式，同时也更符合人类大脑活动特性。量子系统既是粒子态的，也是波形的，同时具有个体属性和群体属性，由此形成的量子管理体系，具有很强的兼容并包的特征，能够让工作者较好地将生活与工作联系起来，支持员工发展私人自我与公共自我。量子管理体系也是自组织化的，通过建构灵活的组织体系来适应变化，快速做出反应。

左哈尔从量子时代该如何对答哲学四大终极问题出发，构建量子时代的商业思维，其中提到只有转换了思维的"范式"才能把自己提升到更高的层次；重启大脑意味着先得认清大脑的"智力""心脏"和"灵魂",这其实分别对应着串行思维、联想思维和量子思维,分别也是常说的左脑思维、右脑思维和全脑思维,左哈尔主张:"企业需要新的量子管理思维,'由下而上'地为公司注入源源不断的动力。"她对具备"量子"特性的领导者和组织应该具备的特质进行了深入的描绘,完全颠覆了牛顿管理体系带给我们的认知,她认为西方近代以来推行的主流管理体系是牛顿式的,其标志是泰勒的科学管理理论。所有的西方牛顿式组织模型都假设组织内独立的组成部分必须或需要在一定程度上通过普遍规则和集中控制紧密相连,以目标为导向,这无法适应越来越高的复杂性、适应性和成长性。在这样一种管理体系下,商业组织不被看成是生命,而是机器,甚至每个鲜活的人,也被要求剥离个性,而必须按照要求达到标准。依照丹娜·左哈尔的分析,牛顿式组织的优点在于依照标准契约行事,从而比较好地排除了风险,但最大的弊病也在于此,契约无法也不可能加入对于个体特质和人格的考量,从而不可避免地会导致投机主义和道德风险。在作者眼中,牛顿式的领导者更擅长使用自己的左脑,重视线性思维,而量子领导者则使用整个大脑工作,不仅重视逻辑思维,还需要打破常规,做出创新。人固然是物理世界的一部分，但人在本质上却是一个量子体系，而身为量子领导者，应该具有兼容并包的特征，强调"我身在自然，自然在我身"。同时，量子领导者的自我又具有极大的开放性，与我们平时的想象不同，作者认为，量子领导者自身甚至是没有明确边界的，或者说，边界处在不断变化之中，是自由的，是自我的选择创造了世界和自我周边的一切。并且，量子自我还爱发问，而答案则蕴藏在问题本身之中。此外，量子自我还充满了人生的意义、愿景和价值观。

三、牛顿式管理过时了吗

科学巨匠牛顿以及与他同一时代的其他一些伟大的科学家开创了机械式的宇宙观，深深影响了过去人类的发展。牛顿思维的产生可溯源至16世纪，哥白尼提出的"日心说"替代了盛行一时的"地心说"，他的观点被开普勒、伽利略以及17世纪的牛顿等人加以发展和完善。牛顿在《自然哲学的数学原理》中，以数学公式为依据，解开了古老的天体运动之谜，形成了全新的"世界体系"，数学化、量化了自然规律，形成了一种统治西方思想的哲学世界观，我们可以称之为牛顿世界观。这种世界观认为整个世界是匀速、线性地运动着的,组成世界的各个部分都是相互分立的,并且是机械式地彼此联系,它们的运动不存在任何的不确定性,也就是说"世界是测得准的"。它的思想核心是客观、精确、机械的数学模式,笛卡尔甚至把全部自然知识等同于数学知识。这种倚仗客观的、数学的方式去了解自然现象的方法,在许多科学领域中得到采用,并且在19世纪麦克斯韦的研究理论中达到了巅峰。那时的科学家认为所有的物理学现象都可以通过牛顿力学和麦克斯韦电磁波理论加以描述,他们甚至觉得绝大多数自然界的基本规律都已经被发现,并且几乎所有的自然现象都遵循这些规律。牛顿思维认为,世界由"原子"所构成,原子和原子就像一颗颗撞球一样彼此独立,即使碰撞一起也会立即弹开,所以不会造成特殊的变化。牛顿指出,人们可以依靠自己的观察,根据科学的方法来探索和了解世界,牛顿三大定律可以科学地解释整个世界。

近300年来,牛顿力学让自然科学的发展突飞猛进,使得人们相信牛顿的科学思想同样能够适用于社会领域。统治物理学长达300多年的牛顿物理学就形成了牛顿哲学观及其思维模式,牛顿思维成了现代西方范式的基础,这之后的几个世纪里,机械式的世界观影响了包括经济学、管理学、社会学、心理学、医学、教育学在内的许多学科。如泰勒提高管理效率的三大实验、医生把人的身体看作许多分散部分的组合、教师把知识分成许多独立的学科、亚当·斯密第一次把分工原则引进企业管理、社会学把个体看作社会中的基本原子、弗洛伊德以原子论作为他现代心理学的基础等。时至今日,"牛顿式"心理学、"牛顿式"医学、"牛顿式"管理学充斥了整个西方世界,我们所笃行的很多管理理论,也是基于这样的观念前提之上的。

管理学是一门研究人与组织关系的学科,不同的管理思想背后其实是对世界不同的认知。在大规模工业化时代,亚当·斯密将牛顿式思维模式运用到经济学领域,取得了巨大的成功。1911年泰勒把这种思想引入企业管理并出版了《科学管理原理》,开启了科学管理时代。泰勒的科学管理理论认为:企业及其管理就像一台设计精巧、平稳运行的机器,其因果关系简单、线性、明晰,从而为规则的、可预测的企业发展轨迹提供了前提。这台机器在自然法则机械的、确定的理性轨道上运行,是一台至少理论上我们可以完全控制的机器,一旦给定了初始运行条件,一切就都是确定了的。这种思想把每个人当作标准化的零部件,规定动作、控制意外、组装成一部精密运转的组织机器、获得稳定可靠的结果，也成为一代代管理者不懈的追求。严格地说，泰勒的科学管理理论基于机械世界观，基于牛顿范式，这一范式最重要的特征是：它的确定性表现在只需要明确初始条件，我们就可以推知企业的后续状态，未来是完全显著无疑的，没有什么东西是不确定的。20世纪的企业厂房里比较常见的工作状态是员工一切都依照主管的命令去做、完成月度指标。工业时代杰出的代表企业往往运用传统的科学管理思想，拥有稳定而又略显机械化的管理模式，企业的竞争力主要来自规模化和生产效率，其工作只有经过标准化训练的产业工人才能胜任。

牛顿式管理的组织代表是科层制，这是被称为组织理论之父的德国人马克斯·韦伯提出来的。诺贝尔奖获得者科斯在1937年写了一篇文章：《企业的性质》，他认为之所以要有企业，就是为了降低交易成本，因此企业内部不可以有交易，由此确定企业是有边界的。以牛顿式思维看企业，企业就是一个科层制控制系统，企业管理模式是流水线加科层制，员工和其他资源则成为控制系统下的部件（类似原子），部件之间的朴素相加规律（1 + 1 = 2）构成了系统的全部：部件运转良好，系统就可以稳定。受牛顿思维影响，过去工业时代的管理通过规则和定律来固化企业的一切行为，消除了变化和不确定性。但事实上，企业面临的外部环境是变化万千的，市场也是难以预测的。而企业原本就不是一个固定不变的堡垒，反而是一个动态组织。根据牛顿理论，宇宙就像一个上了发条的机器，一切事物的运行都由三条简单的铁律决定，因此所有的事情都是确定的、可预测的。它建立在绝对性之上，它认为想法和有意识的观察者对物理世界中一切事物的创造和运行毫无影响，物质是客观而真实的存在。

牛顿思维在一定时空范围内是有效的，但超越了一定的时空界限则会显现出其局限性。在一定的条件下，一个确定性系统也会表现出不确定性的行为，即无法预测的、随机的行为。经过百年历练，我们看到企业规模越来越庞大、组织越来越复杂、流程越来越冗长、考核越来越精细，这些复杂无比的机器虽然带来了工业经济的繁荣，但在信息经济时代却越来越力不从心。进入后工业时代，世界的不确定性、复杂性和企业本身的预测控制本能要求企业有更加灵活的应对复杂环境的思维模式。面对纷繁复杂、变化万千的当今世界，不少企业依然秉承以牛顿式科学管理为代表的传统管理模式，将员工视作被动的管控对象，公司想方设法地降低这一资源的成本,将他们划分在不同的劳动环节上,然后命令他们最大化地产出。管理者慢慢发现在传统的金字塔式组织结构中,企业发展需要员工主动发挥创造力、创新精神,但这又与牛顿思维下的管理范式产生了矛盾,尤其是随着互联网技术的颠覆式发展,这种矛盾更加突出。

在工业文明时代,人类要征服和研究的对象主要是自然界,特别是宏观的物质对象。在这个时期,人类运用劳动对象(土地、植物、矿产、钢铁、机器等)自身的规律来开发和改造大自然,取得了足以自豪的成就。相对来说,经典物理学和牛顿思维比较适应这个时期的实践。在工业化文明的过程中,每一个人不知不觉都受到牛顿物理思维的影响,在这种"牛顿思维方式"中,人们确信事物的发展是一个不断积累、循序渐进的过程;发展前景是可以预测的,给定一个初始条件,就可以依据某种规律,计算出一个物体在任何一个时刻的状态,乃至世界某一刻的状态。

信息文明时代是一个后工业文明时代,我们面临的更多的是复杂性、系统性的人,其客观化表现形式更多的是"信息"或"知识"。这完全不同于工业文明时期的对象。它看不见、摸不着,物质性极弱,它的最大特征是波动、跳跃、速度变化快、不可预测、不确定性。传统的组织范式都被互联网颠覆了，互联网带来的是与用户之间的零距离，它是去中心化，去中介化的，也一定是分布式的。而且现在信息是对称的，信息对称的情况下，企业是没有边界的。瞬息万变的时代，颠覆与创新几乎每天都会出现在我们眼前，变革与淘汰成了常态。没有任何一种业态、模式可以高枕无忧，只有紧跟形势发展，顺应时代需求不断创新变革的企业才能引领潮流，走向成功。在创新驱动和互联网的影响下，组织的意义在于最大限度地激发知识员工的活力，激发组织创新的动力，因此要强调混序、破界、极简和自组织，这与牛顿思维所注重的定律、秩序、规则和控制不可避免地产生了冲突。

与此同时，学术界在面对管理实践中的问题时也仍然大量延续着牛顿机械式逻辑，试图引入更为精密的数学工具，建构更加复杂的模型，通过精妙运算来操控这个更加复杂和混乱的经济世界。由此带来的两个突出后果是，经济学和管理学研究越来越接近于模型分析甚至纯数学研究，距离管理实践越来越远，不能解答直接的经济或管理问题；基于模型和算法实施的经济政策、管理政策，带有很强的局限性，这恰恰是数次金融危机以及许多行业企业频现危机的根本原因所在。在21世纪信息文明时代，人类的思维方式要发生一次根本性的变化，要从牛顿思维方式转为量子思维方式，才能从根本上契合新时代。

四、量子管理呼之欲出

20世纪初，量子物理学兴起，用于探索宇宙的起源与运行，因此诞生了一门全新的物理科学——量子物理学。伴随量子力学产生的量子思维超越了由牛顿力学产生的重视确定性、秩序和可控性的牛顿思维，转而重视的是不确定性、潜力和机会，强调动态、变迁。它主张世界是由能量球（energy balls）所组成，能量球碰撞时不会弹开，反而会融合为一，不同的能量也因此产生难以预测的组合变化，衍生出各式各样的新事物，蕴含着强大的潜在力量。所有物质都呈颗粒状和波状，区别是：经典物理学认为粒就是"纯粒"，波就是"纯波动"，而量子物理提出"波粒二象性"，也就是说，物质既可以是"粒"，也可以是"波"。德国物理学家海森堡根据微观粒子的特征，提出了著名的"测不准原理"，即微观粒子的"成对物理量"不可能同时具有确定的数值。例如，位置与动量、方位角与动量矩，二者之中，一个越是确定，则另一个越是不确定——即不可能有一种方法，同时将两者都测定。包括海森堡在内的 20 世纪 20 年代的诸多科学家们，像丹麦的玻尔、英国的狄拉克、奥地利的薛定谔、法国的德布罗意等，通过对"波粒二象性""测不准原理""概率波""电子自旋""非局部作用"，以及关于"能量场""全息场"等方面的研究，创建了与牛顿经典物理学相对立的量子物理学，终结了牛顿经典物理学唯我独尊的状态，揭示了微观物质世界运动的本质与规律。

绝对时间、绝对空间、绝对质量的观念桎梏了物理学长达两百年之久，直到爱因斯坦逐步提出了"狭义相对论"和"广义相对论"，才使量子理论突破了所谓机械论、决定论和还原论的庇护。上帝不是一个钟表匠，他所创造的世界不像一个永远不会出差错的钟表一样准确运行，宇宙中的事物充满了跳跃性、偶然性和不确定性。人们甚至无法同时测量微观粒子的位置和动能，一个粒子可以同时处于两种状态，呈现"量子态"；人们看到的不一定是真实的，只是一种"概率"……如同夏虫不可语冰，我们的认知和判断也是相对的，量子物理学跨越了从绝对思维到相对思维的鸿沟，找到了另一种认识世界的方式，给人们的思维模式带来了巨大的冲击。世界很多变化往往是不连续的、跳跃式的,一个偶然的突变或事件也可能改变世界。不是任何事件都能够呈现方程般完美的推导求解,因果关系呈现"纠缠态",不同因素可能互为因果或因果可逆。量子思维让人们摆脱确定性思维的束缚,意识到我们眼中的很多东西都只是观察后的一个"概率",观察者不仅能够呈现事物,而且能够影响"薛定谔的猫"之生死。几十年以来,复杂性研究获得了极大发展,科学家已经揭示,以生命、自然、社会系统等复杂自适应系统为例,非线性、不可预测性是这些系统的根本特征,试图精巧地管控风险、避免不确定性不仅是徒劳的,而且很可能主动招致毁灭性后果。

量子理论从建立到现在已经有 100 多年,从超流体、超导体、量子通信到量子计算都和量子理论与技术的发展有关,量子物理学涵盖的研究对象和内容远远超出了物理学这门学科的范围,它实际上已经成为一种带有世界观性质的更普遍的理论和思维方式。1950 年,物理学家玻姆发现量子过程和人的思想过程极为相似。以量子思维方式看来:在以人为主体的信息社会中,带有波动性和跳跃性的事物是不连续的、非渐进的;事物与事物之间的因果关系是异常复杂的;事物发展的前景是不可精确预测的。在传统的经典物理体系下，人主要是被动的，有着根本上的宿命性，只能听命于、适应于自然界的规律；不能超越规律去思考。在信息化时代，你的测量、你的操作、你的生命活动本身，就在改变着结果。人在起主导作用，起决定作用。

量子理论认为我们所处的宇宙是一个纠缠的宇宙，所有事物都微妙地相互联系，你中有我，我中有你，事物之间的关联总是同步发展的，缺乏一个明显的信号，而事物运行的模式则展现出一定的内在顺序。我们生活在一个"参与性"的宇宙之中，作为有意识的观察者参与了对现实的创造，我们不仅对自身的行为，更对世界本身都负有责任。量子思维方式渗透到各个学科领域的研究当中，并有可能对各个学科领域的研究乃整个社会产生全新的影响和深刻的启示。量子物理与生命科学等新兴学科正产生融合发展的态势，一些学者通过研究证实，不但自然世界、人体运转，而且社会活动很大程度上也遵循量子定律，在短期和中期会创造较多的不确定性。量子世界观认为世界是"不确定和复杂的"，"事物因观测方法的不同呈现方式也不同""提出的问题决定了答案"。这对深受牛顿世界观影响的我们形成了巨大的冲击。

物理学的研究对象是自然界，探索的是自然界物质转变的知识，并做出规律性的总结；管理学的研究对象是社会人，是研究人与自然、与社会的关系及其发展变化的规律，而人对自然界的认识会上升成为宇宙观和哲学观，在此处量子物理与管理学高度融汇。过去的管理思想，是通过固化人的行为，尽可能消除不确定性，但事实上，世界本身是变化万千又普遍关联的，市场是难以预测的，兵法上说"兵无常势，水无常形"正是这个道理，这要求我们的管理者随时做到具体问题具体分析，根据客观环境的变化随时做出决策上的调整，这和权变理论殊途同归。不经意间消费者的消费习惯就变了、销售渠道变了、竞争对手变了（突然空降一个"高维杀手"）、产品的生命周期变了。唯一确定不变的就是变。组织在外部多变的、不确定的环境中生存需要变革。随着生产力的发展，人的主观能动性得到了更多发挥的机会；随着互联网时代的到来，人与人之间的想法、知识的交流更加频繁、便捷，这些都使非理性、不确定性广泛存在于组织的运营实践中。

量子论告诉我们，复杂系统的行为是无法预测的，20世纪70年代出现的混沌理论也给了我们这样的启示。管理中的不确定性来自世界混沌的本质，因此我们很难依靠传统的管理理论来获得成功，而应该从量子理论中获得启示，并探索和建立起一套崭新的管理方法和模式。

在我们身处的互联网时代,整个经济生活和社会生活发生了翻天覆地的变化,从根本上改变了人们的生存和生活状态,其影响波及社会各个领域。今天,不确定性和跨界、自组织、创新驱动一起,成为企业管理命题中的关键词。在这样的一种趋势下,无论是在企业管理实践中,还是在理论研究探讨方面,对人与社会、人与组织的认识都在发生深刻的变化。互联网让原本相互独立的人、企业、事物之间产生了关联,形成了一张连接全社会的网络,每个人、每个企业都是这张网上的一个点,每天发生的事件、行为又在这张网上不断地增加新的链路。在这样一个互联网时代,若仍然使用传统科学管理,强调集权,员工只需听令行事、不得有意见,企业必将陷入困境,这就是很多大企业在互联网时代受到猛烈冲击的原因。传统企业要实现互联网化转型,业务转变是远远不够的,管理思想的转变尤为重要,企业需要新的量子管理思想,放手让员工去创新、去发挥创意,"自下而上"地为公司注入源源不断的动力,这样才能在竞争与挑战十分激烈的互联网时代适应、存活与发展。量子管理学注重的不再是单一主体,而是相互间的关联,相比科学管理注重通过规范个体行为以达到控制整体的目的，量子管理看重的是事物的整体性和内在的关联性。

无论是商界还是其他领域的领导者，都需要从根本上重构思维方式，以应对充满未知、复杂性和不确定性的未来。量子时代充满了不确定性，无章可循，那些只强调规律、稳定的牛顿式思维已难再使用。那么，我们不禁要追问一系列的问题，未来的企业管理如何应对复杂性、不确定性？背后的理论基础到底是什么？传统的以科层制管理为核心的组织与管理机制如何应对全新的管理挑战？要不要改革？要怎样改革？组织越来越扁平化、组织越来越小型化、组织越来越跨界和越来越尊重个体的力量，组织越来越重视探索如何去激活人的价值，如何去通过链接来集聚人的能量？来释放人的能量？量子思维催生的新的组织以及组织与个体之间的关系如何用新的理论来进行诠释？我们的目的并不是去研究量子科学本身，以及它与管理的关系，我们只是试图打破认知局限，跳出工业时代的理论框架，用量子理论的基本原理和量子思维去看待后工业时代的管理问题与发展趋势。

第 2 章
量子管理的科学基础：
我是谁

一、经典科学与原子物理

经典科学是指自16世纪以来建立在牛顿经典力学基础上,以机械唯物主义自然观为特征的、以机械还原论为范式基础的科学体系。尼古拉斯·哥白尼提出了"太阳中心说",开始向盛行一时的"地心说"发起挑战,他的观点被开普勒、伽利略以及后来17世纪的牛顿等人加以发展和完善。在科学史中具有里程碑意义的《自然哲学的数学原理》这部著作中,牛顿以数学公式为依据,解开了古老的天体运动之谜,形成了全新的"世界体系"的图景。牛顿的运动定律第一次以数学化的、量化的形式把自然规律表现出来。这个"世界体系"的思想核心,是客观、精确、机械的数学模式,它在伽利略、笛卡尔等人那里,已经得到了相当明确的论述。牛顿的世界图景假定物理世界具有某种质的单一性,所有的物质运动就其服从牛顿定律而言是同质的,它们在现象界的差异都可以还原为实在界量的差异。牛顿的世界图景一度成为科学图景的代名词,牛顿的研究方法也已成为科学方法的代名词,这种"拆零"式的、孤立的、静止的、分析的方法标明了经典自然科学的机械还原论特征。18到19世纪,自然科学的发展基本上是牛顿模式的充实和拓展、应用和放大,原理上并没有革命性的进步。

到了19世纪,科学已不再把自然界当作一个既成事物,而是当作一个发展过程来研究,并且开始用联系和发展的观点揭示现象之间的关系。自然科学为人类提供了一幅初具规模的立体图画。到19世纪末,近代自然科学的世界图景最终确立:经典力学、电磁学理论、能量守恒与转化定律、原子论与分子学说、细胞学说、进化论等已逐渐走向成熟。经典科学的世界图景最终确立了。由于经典物理学获得的巨大成功,它逐渐泛化为一种统治西方思想的世界观。这种世界观将整个世界隐喻为一台座钟,世界被描绘成像一台座钟那样精确运行的巨大机器——匀速、线性地运动,部件(部分)之间相互分立、只有机械联系,运动不存在任何不确定性、与意识无关。当牛顿建立了物质世界的基本法则后，哲学家和社会学家们又沿袭他的方法，希望能找到社会生活中的原理。可以说，在过去的几百年间，不仅自然科学，而且几乎所有新兴的社会科学——经济学、心理学、社会学、人类学等，也都以经典物理学为样本。

经典物理学包括经典（牛顿）力学、经典电磁学和热力学。这座圣殿由三大支柱支撑，第一根支柱上镌刻着：如果没有外力作用，运动着的物体将永远运动，静止着的物体将永远静止。此谓牛顿第一定律：惯性定律。第二根支柱上镌刻着：物体的加速度与它所受的力成正比，与它的质量成反比，如果知道了运动物体的初始状态和它的受力，就可以确定它每一时刻的速度。此谓牛顿第二定律：加速度定律。第三根支柱上镌刻着：当两个物体互相作用时，彼此施加于对方的力，其大小相等、方向相反。此谓牛顿第三定律：作用力与反作用力定律！圣殿高大宏伟的穹顶上则镌刻着：世间万事万物都遵循这些规律，这个世界是确定的、可测量的、可控制的！科学的规律由此上升为宇宙观涵盖社会、管理、教育和其他一切领域。

牛顿经典物理学处理人与自然关系的思维方法，对后来三百年的社会产生了深远的影响。牛顿经典物理学为后世处理人与自然的关系提供了可参照的思维模本，科学与理性取代了传统经验主义思维方式,成为企业管理、生物进化、经济发展的一大原动力。当然,科学化的分门别类促成了企业内部的分工合作和生产的专门化,却同时忽略了各部门联系的复杂性和必要性。在工业经济时代,这种局限性表现得不明显,因为那个时代,未来是可测的,消费者需求和市场是相对稳定的,产业的边界是清晰的,企业的成长有迹可循、路径可控。企业可以基于过去推测未来,可以基于现有资源和能力(及可能获得的资源和能力)确定成长的方式与速度——经典管理学是适用的!但到了智能(量子)经济时代,这种局限性却越来越凸显出来:世界是不确定的、难以测量的、难以控制的!

二、量子物理的诞生

动摇牛顿世界观的是爱因斯坦的相对论和由一大批杰出的科学家共同提出、创建的量子理论。1900年,普朗克提出辐射量子假说,假定电磁场和物质的能量交换是以间断的形式(量子)实现的,量子的大小同辐射频率成正比,比例常数称为普朗克常数,从而得出黑体辐射能量分布公式,成功地解释了黑体辐射现象。1905年,爱因斯坦引进光量子（光子）的概念，并给出了光子的能量、动量与辐射的频率和波长的关系，成功地解释了光电效应。其后，他又提出固体的振动能量也是量子化的，从而解决了低温下的固体比热问题。1913年，丹麦的玻尔在卢瑟福原子模型的基础上建立起原子的量子理论。按照这个理论，原子中的电子只能在分立的轨道上运动，原子具有确定的能量，它所处的这种状态叫"定态"，而且原子只有从一个定态到另一个定态，才能吸收或辐射能量。法国物理学家德布罗意于1923年提出微观粒子具有波粒二象性的假说。德布罗意认为：正如光具有波粒二象性一样，实体的微粒（如电子、原子等）也具有这种性质。这一假说不久就为实验所证实。由于微观粒子具有波粒二象性，微观粒子所遵循的运动规律就不同于宏观物体的运动规律，描述微观粒子运动规律的量子力学也就不同于描述宏观物体运动规律的经典力学。当粒子的大小由微观过渡到宏观时，它所遵循的规律也由量子力学过渡到经典力学。量子力学与经典力学的差别首先表现在对粒子的状态和力学量及其变化规律的描述上。在量子力学中，粒子的状态用波函数描述，它是坐标和时间的复函数。为了描述微观粒子状态随时间变化的规律，就需要找出波函数所满足的运动方程。这个方程是薛定谔在1926年首先找到的，被称为薛定谔方程。当微观粒子处于某一状态时，它的力学量（如坐标、动量、角动量、能量等）一般不具有确定的数值，而是具有一系列可能值，每个可能值以一定的概率出现。当粒子所处的状态确定时，力学量某一可能值的概率也就完全确定。1927年，海森堡提出"测不准原理"，同时玻尔提出了"并协原理"，为量子力学做了进一步的阐释。量子力学和狭义相对论的结合产生了相对论量子力学。经狄拉克、海森堡和泡利等人的工作发展了量子电动力学。20世纪30年代以后形成了描述各种粒子场的量子化理论——量子场论，它构成了描述基本粒子现象的理论基础。

丹麦的玻尔、德国的海森堡、英国的狄拉克、奥地利的薛定谔、法国的德布罗意等一批科学巨匠，通过对"波粒二象性""测不准原理""概率波""电子自旋""非局部作用"，以及关于"能量场""全息场"等方面的研究，使与牛顿经典物理学相对立的量子物理学从"个别人的奇思怪想"变成了深刻影响人们的思想并且广为接受的科学体系。由于量子物理学十分深奥，真正能够理解并参透其中奥秘的人寥寥无几，因此人们并未改变对现实世界的认识。

第 2 章 量子管理的科学基础：我是谁

之所以要在经典科学与系统科学的转折过程中格外关注到量子理论及其方法论意义，是因为量子理论的出现，正处于经典科学危机四伏、系统科学日渐崛起之时。而且在实验理念与研究方法上，量子理论在以上二者之间起到了一种过渡和衔接的作用。从方法上讲，量子理论突破了经典科学还原论的、严格因果决定论的理念，自身孕育和体现了整体论的、概率化的思想。特别是在主客体关系上，量子理论放弃了经典力学所推崇的"客观实在与观测无关"的信念，提出主客体之间存在相互作用，观测中中介工具对结果会产生影响。有趣的是，量子理论提出的这些观念和方法恰恰是紧随其后在 20 世纪上半叶出现的系统科学的基本理念。

量子区别于宏观物质，它更多的是一种非确定性的趋势和能量。"次原子粒子"以未知的和几乎是不可知的方式在时空中相互作用，它们那无法预测的、随机的运动从根本上触动了牛顿运动定律。

1900 年 12 月 14 日，普朗克在德国物理学会宣读了他划时代的论文《论正常光谱能量分布定律》，这一天标志着量子论的诞生，它同 1905 年由爱因斯坦创立的相对论共同成为 20 世纪人类科技文明的基石，也从哲学上改变了人们关于时间、空间、物质和运动的概念。量子力学的理论强调非确定性、非线性，量子具有粒子和波的双重性质。

量子物理学认为世界在基本结构上是相互联结的，应该从整体着眼看待世界，整体产生并决定了部分，同时部分也包含了整体的信息；认为世界是"复数"的，存在多样性、多种可能性，在观察者实施观察之前，世界的状态是无限的和变化的，实施观察后，其他所有的可能性才崩塌；认为微观世界的发展存在跳跃性、不连续性、非线性因果性和不确定性；认为事物之间的因果联系像"蝴蝶效应"所显示的那样，是异常复杂的；认为事物发展的前景是不可精确预测的；认为微观物理现象不可能在未被干扰的情况下被测量和观察到，在理解任何物理现象的过程中，人作为参与者总是处于决定性的地位。

三、量子物理的五个颠覆

1. 量子纠缠

所谓量子纠缠，源于爱因斯坦和他的两位博士后研究伙伴于1935年提出的思想实验。其含义是，设想由两个微观粒子组成的系统,当它们分离后,即使分别运行到远至光年的距离,对其中一个粒子进行扰动而导致其状态发生变化,另一个粒子也会立即发生相应的状态改变,爱因斯坦将其称为"鬼魅似的远距作用"(spooky action at a distance)。1982年,法国物理学家艾伦·爱斯派克特和他的小组成功地完成了"量子纠缠"实验。在量子世界里,两个粒子在经过短暂时间彼此耦合之后,它们之间会产生极强的关联性,这一现象就叫"量子纠缠",当单独搅扰其中任意一个粒子,会不可避免地影响到另外一个粒子的性状,尽管两个粒子之间可能相隔很远的距离,哪怕远到宇宙的两极,也如同它们在一起一样。量子纠缠现象意味着,宇宙中的任意两个事物之间,存在着一种固有的内在关联(inherent relation),这是一种无须时间传递的整体论意义上的相互关联,这种内在关联使得整个宇宙成为一个整体,任何一个局部发生变化,都可能使得其他部分乃至整个宇宙同时发生变化。

2. 量子塌缩

在一般性的科学实验中观察并测量某种系统时,科学家要将作为实验对象的系统与测量设备、观察者本身分开来观察，以防后者干扰到前者，这样才能保证测量结果的纯粹度。当然，在不同性质的实验当中，避免干扰或难或易，如果测量过程对测量对象的影响微乎其微，它对结果的干扰可忽略不计。但是量子测量则不一样，进行量子测量时，被测系统与测量设备两者理论上是分不开的。量子理论揭示，客体对测量仪器的反作用是不可消除的。譬如，一个粒子没有被测量时，它以概率波的形式存在（"波函数"），它的演变过程可以用薛定谔方程准确地描述。但该粒子一旦被观测，这个概率波便会立即塌缩到一个具体的本征态或可能态，即从概率波的形式转化为粒子的形式。微观粒子的状态只能用一个波函数来表示，我们只能说明事物的"存在趋势"是怎样的，这种趋势科学家们称为概率波（或波函数）。概率波的一个特性是，在被测量之前，各种概率都存在，但就在它们被测量（观察）的那一刻，一个结果显现了，其他的可能"崩塌"了。

3. 波粒二象性

物理学家们在 20 世纪 20 年代发现光有一种二象性：它同时具有粒子和波的特性。以前这种结论被认为是不可能的。著名的"狭缝实验"证明了光波中的单个光子在一种实验中表现出粒子的特性,而在另外一种实验中则表现出波的特性。科学家在测量量子运动的位置和运动能量时,发现量子的运动轨迹既符合波也符合微粒的特点。这令人困惑不解。正是这样一个悖论,孕育出一个惊人的答案:光子仅表现出科学家们正在证明的那个特性!换句话说,正是科学家的预期和测量光子的方法,决定了光子表现出粒子性还是波性。这就是说,光子以一个观察者所期望的方式显现,这样,我们就再也不是宇宙的客观观察者了。这就完全打破了传统物理学的逻辑。波粒二象理论确立了微观世界不可分割的整体系统性。

4. 测不准、概率波

能反映量子理论随机性特征的另一个理论就是海森堡提出的"测不准原理"。1927年德国物理学家海森堡提出:对于任何一个粒子,你不可能同时精确测量它的位置和动量,这就是海森堡测不准原理。概率,亦即可能性,是海森堡测不准原理中的重要概念。他认为,任何一个粒子的位置和动量不可能同时准确测量,要准确测量位置,动量就完全测不准,反之亦然。造成这种状况的原因是由于测量中不可避免地出现仪器对测量对象的干扰,以及粒子本身所具有的波动性。海森堡说:"在位置被测定的一瞬,电子的位置测定得越准确,动量的测定就越不准确,反之亦然。"玻尔把海森堡的观点提高到哲学高度,提出了"互补原理"。玻尔对"互补"的解释是:"互补一词的意义是:一些经典概念的任何确定性应用,将排除另一些经典概念的同时应用,而这另一些概念在另一种条件下却是阐明现象所同样不可缺少的。"他在《量子理论》中这样概述:"从量子尺度来看,任何客体最一般的物理性质都必须用成对的互补变量来表示,其中每个变量必然以相应地减小另一变量的确定性程度为代价才能成为比较确定的。"这样,经典的决定论的因果律在量子系统中不再成立,人们只能了解粒子出现的概率,而不能确定某个粒子在某时某处是否一定出现。这就是量子力学的统计解释或概率解释。

为了通俗地说明这个原理,薛定谔假设在一个盒子里放入一只猫,并将一根饮料管插在猫嘴里,饮料管的另一头装上一个施放毒气的阀门,电子经过阀门时便自动施放毒气,猫就被毒死了,但电子也有可能不经过这道阀门,因此这只猫也可能一直活着。所以,在盒子打开之前,我们不知道这只猫是死的还是活的。但当盒子打开,这一操作会触发阀门将猫杀死。这一刻,是我们的观测起了决定作用。所以，在盒子打开之前，这只猫可能是死的，也可能是活的。它是活猫和死猫的叠加，既是活猫也是死猫。这就是著名的"薛定谔的猫"悖论。基于"薛定锷的猫"，"量子理论"给予了我们的启示是，对于人的发展状态和方向的判断，更适合采取"趋势模型""概率模型"，而不是"定量模型""确定模型"。

5. 全息场与能量场

从量子科学中涌现出来的最激动人心的概念，就是能量场。按照量子场理论，在原子尺度上，场无处不在。这不是我们想象中的可视的实体，它们是基本粒子的相互作用。基本粒子跳着永恒之舞，它们互相碰撞，吸收能量，并以光子的形式释放能量。粒子同时发出和重新吸收这些光子，也吸收其他粒子的光子。这些相互作用让粒子或者相互吸引，或者互相排斥，构筑起一张统一的原子关系的大网，连接着整个宇宙。如果说经典物理学的核心隐喻是一台机械座钟，那么量子物理学的核心隐喻就是这无所不在的"网"。基于能量场的概念，对于人的心理结构，认知结构，也应建立"场"的概念。心理结构和认知结构都不是实体，而是更类似于"场"，一个随时生成、运动、变化的场。

第 3 章

原子管理和量子管理：我到哪里

量子物理的影响超出了物理学的范畴，逐渐成为一种新的科学世界观和思维方式，我们称之为量子思维。这是因为我们的思维过程和量子过程之间存在着许多令人吃惊的相似性。波姆说："思维过程和量子体系在不能被过度分析为分离元素这一点上相类似，因为，每一个元素的'内在'性质不是一种在与其他元素分离和独立的情况下存在的属性，相反是一种部分地起源于它与其他元素关系的属性。"独立于人的意识之外的客观经济规律是不存在的，经济和社会的发展都不能排除主观因素，是主观意志和客观世界相互作用的结果。量子理论的一些重要实验和结论对管理规律的探索乃至整个社会体系都有着深刻的启发性。原子思维与量子思维的差异主要体现在以下几个方面。

1. 还原论与整体论

经典科学世界图景的最大特征是机械论和还原论，强调分析。牛顿力学"拆零"式方法论对经典科学起了引领和示范作用。牛顿思维认为，世界由原子构成，原子是坚不可摧的，原子和原子之间彼此独立。在牛顿式的自然科学中，还原和分析是关键。牛顿认为只有把整体和问题不停地细分，才能够了解一个事物的全貌。任何系统和物体都要被还原为组成成分，以便了解它的性能和主要功能。整体被认为是成分的加总，所以我们需要先了解各部分，以便更好地了解整体。西方世界把原子论运用到社会生活，认为个人就是社会的基本原子，每一个个体都是独立的，所以在社会关系方面，西方社会强调个人利益，个人需求和个人权利成了关注的重点。亚当·斯密将原子论引用到经济学中，认为个体本身是自私的，只会按照自己的利益去工作。

量子力学认为，世界是不可分割的整体，粒子彼此之间存在微妙的关联，单一粒子的运动是随机不可测的，粒子的碰撞将产生难以预测的组合变化，衍生出各式各样的新事物，蕴含着强大的潜在力量。系统性质只有在系统中、在一定的环境下才会涌现出来。世界在基本结构上是相互连接的,应该从整体着眼看待世界。部分不仅与周围环境发生一定的外在联系,同时还要表现出"主体性",可将自身的内在联系传递到周边,并直接参与整体的变化。

在量子力学中,涌现性和自组织是关键。整体不是各部分的简单叠加。无论整体还是部分都与环境有关。因为每一个量子既有个体(粒子的)性质,又有系统(波动的)组织。公司组织也是如此,一个公司并不是很多部分的集合,而是一个整体,公司的每个员工都是互相关联的。

2. 二元对立与一元混沌

传统牛顿思维是建立在主体、客体二元对立的基础上的。西方文明因深受牛顿世界观影响,具有二元论的特点,将世界分为主体和客体、意识和存在、精神和物质。牛顿式科学的宇宙是物质性的,牛顿派的科学家以局外人的角度研究自然,并对其进行利用、操纵与控制。牛顿式的范式科学是一种"非此即彼"的科学,认为物质要么是波,要么是粒子。牛顿的物理系统是线性的,所以在牛顿式组织中,个体(粒子)和集体(波)之间有着持续的、看似无法解决的矛盾。

然而，进入20世纪，随着研究对象领域的进一步扩大，人类的研究对象已经超出了人们肉眼所能看到的范围。在量子系统中，量子实体既像粒子又像波，既在这里也在那里；在量子系统中，关联创造了更多的可能。由于传统的东方思维方式是把个人放在整个社会中讨论的，量子思维为东西方思维的融合搭建了一座桥梁。量子思维尊重个性，注重个人需求，强调个人利益和组织需求相互融合，你中有我，我中有你。量子力学的基本准则提供了一个有意义的视角，我们由此看到的组织世界兼具客观的和主观的、逻辑的和非逻辑的、线性的和非线性的、有序的和无序的两面。

这类二重性具有一定的普适意义。经济学中一些重要的概念和指标都可以从这个角度去分析。比如"理性"与"非理性"来自同一个主体，一个本质上理性的经济人往往也会做出非理性的行为。我们是宇宙之舞中的积极参与者，在一定程度上决定了我们所看见的世界。在积极的假设中，按照多元智能理论，人是以多种状态生存的。所以我们需要正向的东西，需要鼓励和积极思维，目前比较时兴的正念管理便基于这一理念。

3. 非此即彼与兼容并包

在经典力学里,整体由一块块确定的"积木块"有序地组成,可以被预测和设计构建。而在量子力学里,不存在最基本的"积木块",整体看起来更像是一块复杂的布,其中不同的连线交替、重叠或结合在一起,最终决定着整块布的质地。这些看不见的联系是万物的基本构成要素,而我们过去认为这些联系是发生在相互独立的实体之间的。根据量子物理学的精神,世界是一个大的生态系统,社会是一个不断充满变化的充满活力的动态生命体。所有的一切都相互关联,不可分割,你中有我,我中有你,彼此联系。

不能再用以往那种机械观和线性思维,将系统看成若干零件的组合,应看重个体彼此之间的关联性。这一理念对于今天的企业管理、经济管理、环境治理都有着颠覆性的启迪。

相比科学管理注重规范个体行为、达到控制整体的目的,量子管理看重的是系统整体性和内在的关联性。一个团队输出的一定是内部协作的结果,而不是简单的个体工作的叠加,这种彼此之间的关联协作过程无法精准控制,运用之妙存乎一心。互联网推动世界进化，让人与人、人与组织、要素与要素、组织与组织连接的速度、广度、深度和密度比以往任何历史时期更进了一大步。那么今天和未来的组织，要保持生命力和先进性，也必然要从层次分明、条线分割的"结构体"进化成"网络体"，否则就会失去生命力。

4. 精确确定与模糊不确定

牛顿力学认为，物质不因有意识的感知而存在，事物间互有因果关系。牛顿三大定律的发现让人们开始能够解释世界上一系列看似难以捉摸的现象：气候的变化和疾病的蔓延并不是超能力和神秘力量所控制的结果，一切事物都可以被理解，它们有规则可循，它们的发展可被预测，它们的变化可被控制。弗雷德里克·泰勒在管理学领域实践了牛顿思想，他认为管理的本质是把组织看作一个庞大的机器，它是可以控制和预见的。而如果你认为世界是确定的、可预测的、可控制的，你就会有信心地去做一个五年或十年的战略规划。

而量子力学有一个非常重要的理论，那就是海森堡不确定性理论，即"测不准原理"：一个微观粒子的位置测量越准确,动量测量就越不准确,反之亦然。推而广之,就是一个人所皆知的事实:一切测量都不可能避免误差。更进一步,我们永远无法真正精确地认知事物,我们了解的只可能是一部分。不确定性原理告诉我们:我们所提出的问题经常决定了我们最终得到的答案。以前的管理学基本上是以组织化、计划化、结构化、控制论等为基本导向的,都是在谈如何去规避不确定性,以管制变、以刚克柔。但实际上,个人和组织都必须"拥抱不确定性",才能适应如今的时代。这个说法不新鲜,但是真正理解和做到拥抱不确定性并不容易。

在认识了量子思维与原子思维巨大的差异性之后,我们再来看从原子式管理变迁到量子式管理的路径。原子管理范式和量子管理范式的对比可以归纳为表1。

表1 原子管理范式与量子管理范式的对比

对比维度	原子管理范式	量子管理范式
人性假设	X理论、Y理论,简单人假设	XY理论,复杂人假设
管理思维	确定性、可控制、可预测	不确定性、模糊性、不可控、不可预测
管理动力	利益和效率	愿景、使命感、价值观

(续)

对比维度	原子管理范式	量子管理范式
管理假设	具备稳定性和可预测性的特征	本质上是不确定的和不可预知的
管控方式	通过层级专制权来进行控制	依靠非层级的网络关系，分布广泛
管理逻辑	自上而下：领导层发动的管理变化	自下而上：变化在组织的任何部分发生
价值取向	人是目的、以人为本	天人合一、以生态为本
组织结构	科层制、金字塔式结构	倒金字塔结构、平台结构
组织变革	个别领导者设计与决定	组织成员决定、自发涌现
领导风格	长官意志、管控	释放人性、授权赋能
权力结构	集中于少数人手中	分布式、分散化
决策方案	不灵活、稳定、单一	多元视角、多种可能、随机应变
决策依据	依据客观事实和调查数据	依据动态状态和当下行为
员工定位	被动的生产单元	参与性的合伙人

具体来看，从原子管理到量子管理的路径包括以下几个方面。

一、从分离分立到整体和合、生命共同体

原子物理将世界视为诸多原子组成的实体，试图把世界分解得尽可能小，强调微观的个体，认为原子与原子之

第3章 原子管理和量子管理：我到哪里

间彼此分离。每个个体就像是一个"原子"，牛顿式原子管理思维强调分工理念与科层管理，将组织视为一台庞大而又复杂的机器。

量子物理认为微观物质具备波粒二象性，量子管理看重的是系统整体性和内在的关联性，没有任何一个量子位可以被抽出来，没有人是孤岛，领导、员工及组织的其他利益相关者都应像鱼和水一样处在整体关系之中。领导者通过建立量子式整体性思维能发现在许多不同种类事物之间存在的更为深层次的共性，从有限当中看到无限，从而能够抓住问题的深层实质。具有量子思维的领导者会依赖直觉做事，这本身就体现了一种对于模式、关系和相关性的感知。在整体中，他们担负属于自己的责任，同时也能清晰地意识到整体会对自己和他人造成影响。量子领导者的整体性使得组织变成一个复杂的、自组织的自适应系统，并充满创造力。

量子管理的核心是"生命共同体"。每个人都是世界的创造者，助人者必得人助。量子管理学提出，组织要成为生命共同体，组织和人、人和人之间不是单纯的利益关系，而是共担、共创、共享的互补和共赢关系。当组织成为生命共同体时，人与组织之间，人和人之间就不再是控制与利益关系，而是一种自动协作、命运与共、生死相依的关系。稻盛和夫鼓励"利他"的价值观。他提出了一个重要方程式：人生和工作的结果＝思维方式×努力×能力。思维方式指价值观，稻盛和夫深刻地意识到，错误的价值观会为企业带来负面影响，所以此项包含负分。在实践层面，阿米巴经营就是一个典型。阿米巴的核心是一个经营会计体系，如果小组超额完成业绩，并不作为奖励的依据，奖励最终根据整个公司的绩效表现来核算。同时，稻盛和夫将是否为他人提供帮助作为重要的奖励依据之一。清华大学的杨壮教授认为，稻盛和夫的阿米巴经营理念强调的就是一种生命共同体。由此可得出一个结论：成熟的量子企业，一定要用价值观、企业文化去约束人性的弱点。在量子理论中，没有人是孤岛，人与组织不是控制与被控制的、单一的利益关系，而是共生与协作关系。

中国人传统上讲求"整体和合"，把自身和宇宙视为混沌一体而非主客二分关系，世间万物皆是相互联系、相互贯通的，需要把握它们运行的普遍规律，求得它们的和谐相处、共生共长和光明前景，而这恰恰与量子管理范式不谋而合。注重整体的人十分依赖直觉和对于整体形式、关系与一致性的判断，在根据逻辑得到结论之前，就能直觉感知到自己的责任与行动方向。整体论要求提高了解大局与局部、他人与自己关系的能力，提高了解事物内在运作中各部门如何连接的能力，提高交互影响的能力。在量子管理范式的"整体和合"价值观影响下，企业触角伸向内外部各个方向，从而进化成基于网络的生命共同体，包括以下三个方面。

首先，实现企业组织与客户的有效连接。量子式管理超越以往仅在业务部门、服务部门与客户间建立连接的视野局限，通过机制设计，让组织的各个部门端口都能和客户发生直接、高频、深入的交互和连接，让每一个中后台职能部门和经营业务部门都有明确的客户价值关联逻辑。海尔提出"外去中间商，内去隔热墙"，将阻断组织与客户的一切影响交互和导致效率迟延的传导环节简省，大大提高了为顾客创造价值的效率。同时，海尔多年来一直在实践"人单合一"的用户交互模式，借助"海立方"等互联网平台，企业与客户之间"有形的墙"被推倒了，客户需求可以随时随地被真实地感知到，企业可精准把握市场脉搏。这样，传统规模化的"端对端"流就会分解为众多微小价值循环，激发自组织伙伴们成为"小微创客"，围绕用户价值动态合伙，有效实现企业组织与客户的有效连接。

其次，实现组织内员工（伙伴）的有效连接。公司不再是隔离的分层模式，而是要形成牵一发而动全身的网，需突破组织中员工在各自的部门"深井"中单打独斗的局面，弱化甚至取消部分层级，围绕对客户有价值的任务，互通有无、灵活组合、开放式沟通，成为并行共生的事业合作伙伴。阿里巴巴采取"插拔"方式强化内部员工与团队的交互链接，即员工之间即插即拔、灵活组合。万科突破传统组织的孤岛模式，建立事业合作伙伴制组织形式，员工之间结成共创、共享的共同体。在谷歌、脸书等创新导向的公司中，办公室的物理布局不是条块分割，而是开放连接的，组织结构设计和岗位职责设计也往往基于项目或工作任务，这样员工之间的交叉互动程度大大提高，创新思想也会不断产生。

再次，实现企业与行业、社会的有效连接。互联网时代，全球范围内的泛在化网络连接使得行业与行业之间的边界日益模糊，跨界融合成为趋势，组织与组织、人与人之间建立了丰富的沟通渠道，时时刻刻在传递信息和能量。互联网本质上是建立社会系统中各个单元间关联性的工具。在互联网产生以前，人与人之间就有某种微妙的关联，彼此影响着对方的思考和行动。而在互联网出现之后，这种关联突破了地域、时间的限制，实现了全球范围内的泛在化网络连接，带来了社会结构的深刻变化。社会是一张网，每家企业都是其中的节点；企业内外，由于有了社交化工具，人与人也建立了非正式的关联渠道。同时，互联网背景下企业与整个社会的生态性加强了，没有一个企业能脱离生态系统而独立存在，企业应具有足够的利他精神，正如德鲁克先生所言："企业的本质是社会企业，不要问你能成就什么，而要问你能贡献什么。"

可以认为，量子管理的逻辑起点是基于关系的管理。关系是企业管理问题的本源，组织之间任何的要素联结都可以被看作一种关系。而企业间关系的管理也内化为组织要素的跨边界嵌入。当企业间相互嵌入信息要素时，会形成交易耦合型企业间关系；当企业间相互嵌入知识要素时，会形成协同网络型企业间关系；当企业间相互嵌入结构要素时，会形成权力科层型企业间关系。这种关系的逻辑演进过程可以归结为从"点—点关系"到"点—链关系"，再到"点—网关系"。

先谈"点—点关系"。知识的扩张、信息时代的来临以及分工的不断深化，使得组织中初始委托人和终端代理人之间的信息不对称问题更加严重。同时，信息技术的广泛使用、市场机制的逐渐完善却使得交易成本不断下降。在两股力量的共同作用下，企业开始跨越实体边界进行能力与资源的整合，企业的运作从有边界趋向于无边界。本质上，无边界企业运作的核心不在于企业的市场化，而在于企业与市场的相互融合，企业之间基于信任与承诺的依赖关系成为企业价值的重要源泉。知识、信息、物质的双向流动构成了企业之间的"点—点关系"。从实体资产的跨边界流动来看，资产专用性引起的锁定会强化"点—点关系"中的契约与非契约协调，从而在具体经营模式上更加倾向于规则协调机制。从知识、信息等隐性资产的流动来看，跨组织的知识融合能够强化产品设计信息的复杂性，进而催生企业间深度协作的需求，因此也会加速关系的固化。

再谈"点—链关系"。供应链理论的提出，从根本上改变了企业的战略思维，将企业的能力重心从内部生产转移到与供应链上下游企业的整合上来。以丰田、沃尔玛为代表的大型企业纷纷发展与供应商的长期合作伙伴关系，以赢得低成本与差异化优势。直观地说，企业与供应商、顾客之间的协作关系外显为"点—链关系"，以该企业为基点，在整条供应链上同时开展着物质与知识的交换。"点—链关系"中的企业之间保持着相对稳定的竞合与交易秩序，每个生态位上都聚集着少数几家相互竞争的企业,维持着生态链(供应链)的平衡。可以说,"点—链关系"是一种寄生关系,作为节点的企业需要依附于特定的生态链,并对链条内的协作方式、交易文化、集体默会知识等具有较强的认知。一旦脱离链条,将使得企业交易成本急剧上升,同时还存在交易受阻的风险。因此,"点—链关系"对生态链中的企业具有锁定效应,进而确保了生态链中各企业的长期利益。

最后是"点—网关系"。企业网络由众多具有相关性的企业组成,彼此之间在空间上相对集聚,或通过信息化平台相联系。模块化网络是一种较为普遍的企业网络模式,它的出现使企业的虚拟运营模式从链条向网络进化。大量跨企业边界的知识流动强化了模块化网络的集群效应,单个企业能够通过集成化平台吸收网络内其他任何企业的知识养分,"点—网关系"因此而形成。实际上,"点—网关系"的产生需要经历建立、识别与治理三个阶段。企业根据自身资源与能力,与多个相关企业达成共识,集体打造一个模块化网络的生态环境。网络的建构过程同时也是企业与网络关系确立的过程。模块化网络是一个开放的系统,外部企业可以通过竞争赢得"入场券",并成为网络成员,因此涉及企业对网络的识别，即判断哪个网络与自身能力相匹配。对于在网企业来说，需要面对的一个更重要、更长远的课题是如何管理模块化网络的生态环境，即如何实现共同治理。

二、从非此即彼到兼容并包

基于牛顿机械决定论的组织中各组成部分界限清晰，上下级之间的责权利规定得十分清楚，岗位职责相对固定并且尽可能量化，员工的职责分明，作业流程与行为标准往往是不能变动的，组织和流程被划分为界限清晰的独立单元。管理讲求标准、可衡量、可量化，没有标准则难以管理。

在量子管理的世界中，事物并非是非此即彼的，而是混沌、兼容的，鼓励一切可能性的发生，正如量子物理学家薛定谔等人所描述的那样，在观察者进行观察之前，事物的状态都是有多种可能性的。组织和社会也有多样性，比如说，每个人可能都会对同一个问题有不同的看法，我们需要尊重多样性，多进行沟通和交流，从而推动整个组织不断地向前发展。这要求管理者能够以开放、包容的心

第3章 原子管理和量子管理：我到哪里

态去接纳复杂的管理问题，鼓励和采纳来自多方的不同意见，博观约取并探索多样性的解决办法。量子领导者允许甚至鼓励试错与失败，将面对不确定性和模糊性视为探索新领域的起点，广泛寻求和支持不同的声音，建立基于试错的创新机制，不断迭代与创新。

量子领导者把差异当作机会，用差异催生新灵感，欣赏或至少高度尊重他人的不同意见，关注陌生状况所产生的差异性并与这些差异性、多样性进行沟通和交流，采纳更多不同的意见，以让系统适应复杂性从而实现繁荣。如果我们不把差异带进组织，我们就会失去产生新思维的能量，因此管理者需要不断扩大组织的容量。开放共享的组织能变成一个大容器，容纳所有的多样性，并激发出一些新的东西。量子管理导向的组织培育开放包容的价值观，用创新制度和创新行为来保障价值观的落地实施。在招聘员工时，注重的不再是确定的学历、专业、经验等，更看重的是内在的潜力、悟性和学习力等指向更宽广未来的要素。

真正的多样性意味着热爱或者至少珍惜他人不同的观点，把不同视为机会。拥抱多样性，意味着理解一个问题的最佳方式，是尽最大可能得到关于这件事尽可能多的观点。一个组织的主流文化太强势，就会暴露其文化的缺陷，如果太过多样，或者不同的声音太多，就会四分五裂。多样性和统一性达到的平衡是一种临界平衡。尊重他人、关注差异性、不因未受认同而心怀怨愤，才能产生多元的新系统。

在经营方面，未来成功的战略决策往往不是事先确定的，不是非此即彼或黑白分明的，合理有效的战略决策通常是叩其两端而问中的。任正非培养领导干部的"灰度"能力，如同走钢丝时对平衡的掌握，强调不执着、不拘泥于既定范式与套路，改变非此即彼、非黑即白的对立思维，在混沌中把握平衡、迎接更多的可能性。企业管理中存在诸多的辩证和矛盾，如无限需求与有限资源、企业盈利与社会责任、刚性制度与柔性文化、竞争与合作、法治与人治、集权与分权、用人不疑与疑人不用、组织目标与个人目标、冒险与保守等，高效能的管理者懂得平衡之术，会用兼容并包、辩证统一的思维来面对这些矛盾，兼顾两端并找寻到最合适的度，一流的管理者必是平衡大师。

三、从重视权威到激活个体、员工赋能

牛顿式组织呈现等级森严的金字塔式结构，自上而下地运行，强调权威、管控、组织纪律、高度服从，员工的工作依赖于上级所下达的命令或指令，KPI层层分解，下级KPI的完成是为了上级KPI的完成。公司有着严格的制度框架，员工的工作被明确地规定，有详尽的岗位工作说明书、明确的分工体系、标准化的作业流程与作业标准，权威与管控的目的是最大化地提高效率。牛顿式组织的内部，大家在各自的"部门深井"中工作，上下级间缺乏有效的联系和沟通。这种组织构架以目标为导向，纵向上看层级分明，横向上看职责清晰，却无法满足互联网时代日益复杂和多元化的员工需求和顾客需求。

量子物理理论表明，宇宙是万物互相参与下构成的，主体与客体沟通、交互从而改变了物质的性状。这给管理者的启示是，每个员工都有着无穷的潜能，管理者需要充分激活每个员工，把权力下放给每个员工，珍视每个员工个体的智慧与心声。人们愿意支持自己参与其中的事物，而且只有参与了某个计划的制定过程才能真正激发自主能

动性，如果没有亲自参与计划的制定，人们就不会对计划的目的和执行过程真正感兴趣，无论这个计划制定得多完美、多准确。领导者需要让员工参与到决策的制定中来，从而真正激发员工的主人翁精神。

不管是在理论上还是在实践中，管理工作和领导工作之间都有很大的差异。沟通活动和人际协调是一个有效的领导者应当去做的，而操纵资源、控制步骤和规则则是一个管理者应当去做的。在今天的企业和组织运作中，人越来越想被领导，而不是被管理。管理者必须同时培养和发展自己的领导技能，因为组织是以人为本的系统，是一个难以预测的、互动的、活的系统，而不是一成不变、像机器那样运转的。为什么很多大企业转型比较难？海尔CEO张瑞敏对此有着透彻的解读：因为不愿意将权力下放。但最高领导握着权力不放，每个人就不可能发挥自己的能量。真正好的管理不是控制，而是释放人性。关于这一点，丹娜·左哈尔认为，在一个充满不确定、无章可循的量子时代，企业应该抛弃传统经验，敢于挑战权威，大胆创新。这时候，作为管理者应该做到充分授权，同时采取扁平化、自下而上的组织结构，让集体创意得到发挥。员工可以最大限度地发挥个人聪明才智，这不仅激发了员工积极性，更增强了责任意识。

陈春花认为，雇佣关系导致角色及层级固化、信息与功能的僵化等不良结果，使得员工无法真正发挥创造力。机械的工作方式和教条的指令已经很难令知识型员工适应，组织需要更开放的工作环境，充满朝气和创意的团队氛围，以及自身价值被充分认可的激励机制。量子管理范式从强调权威与服从转变为强调员工自我绽放，从上级命令驱动转变为员工自我驱动和使命驱动，领导不再是高高在上的发布命令者，而是转变为服务者、支持者、资源提供者、教导者、布施者。同时，寻找意义是人们生命的主要动力，人们会因为梦想而超越失败和个人极限，组织也需要寻找自己存在的意义，从更深的愿景中汲取能量，专注于更长远的价值观，听从于使命感的召唤，而员工也参与到企业文化价值观、使命、愿景等方面的制定与落地执行过程中来，个人在实现公司目标的同时，也实现自己的梦想。

在管理实践中，已经有不少企业在此方面做出了积极的努力。海尔将组织结构由金字塔结构转变为倒金字塔结构，领导为员工服务，二线为一线服务，从企业到客户的大量中间层被削减，企业权力由高层下放到一线部门与员工，7万多人变成了近2000个自主经营体，员工被大大赋能。稻盛和夫在日航公司推行阿米巴经营模式,赋予员工自下而上的动力和空间,让他们了解到工作对自己的意义在哪里,鼓励他们充分释放自己的才华,每个日航人在上飞机的那一刻,都知道成本是什么;最后下飞机的时候,也清楚地知道这一天的盈利是什么。谷歌创始人谢尔盖淡化领导的权威与管控,珍视员工的潜能与自我绽放,给予软件工程师等员工足够的授权,建立了智囊团会议、研讨会等开放式沟通机制,鼓励大家直抒己见,将放荡不羁甚至异想天开的、源于直觉的点子视为创新的源泉。

四、从稳态有序到动态复杂

在原子式世界观中,一切都是稳定可控的,事物遵循固有秩序运行。原子管理的目的也是将企业打造成一台稳定可控、富有秩序的机器。在引入流水线、作业流程与标准等稳态元素后,管理的投入与产出是静态可预知的。牛顿的原子管理适用于工业文明时期,组织是建立在秩序、规则、稳态的基础之上的,需要组织建立严格的秩序、严格的规则和自上而下的指挥系统,不同工序需要遵循严格的流程、节奏,才能够产生效率。员工的岗位职责体系是固定的，工作内容被清晰、量化地界定而缺乏弹性。组织形式多表现为金字塔结构，因为这种组织状态最稳定，组织及其管理的因果关系简单、明晰。组织崇尚权威与等级，通过严格的考核与强制淘汰进行管控，内部的运行建立在等级秩序基础上。管理的指向是把握稳定可控的局部或个体，在实现局部与个体最优的基础上实现整体加和的最大化。在战略上找到自己的核心竞争力，然后聚焦于自己的核心领域实施相对稳态的差异化战略，抱住主业，绝不动摇。

量子管理强调组织的动态变化，强调各个部分之间的动态关系。管理需要在无序中求有序，不断打破现状，构建新的有序状态。在组织内部，要实现动态管理，鼓励员工自由创新，尽情发挥潜能与创意，去释放各种能量。在知识经济时代和互联网时代，要真正实现创新驱动与人力资本驱动，组织要鼓励员工创新，组织内部需要不断变革，而变革的动力来自人力资源的能量，管理是在无序中求有序。

因果关系明确、线性的流程以及严格的秩序、规则尽管保障了组织的稳定发展，但同时也构成了企业实现突破式创新和管理进阶的障碍。最典型的是各种机械式的指标，当我们执着于增长这些单维度的指标而看不到其他方面的时候，往往导致系统性失败，比如索尼公司因过度执着于绩效考核而导致失败等。

量子管理强调"重新建构能力"：跳出既定的思维框架，不断更新观念，不墨守成规。量子管理强调"开阔思维"：站在另一个高度，采取新的角度，获得更大的广度。能不断重塑新观念的人与组织，才能有远大的愿景，能够想象、捕获并致力于创造未来。

《肖申克的救赎》中，瑞德望着监狱的高墙，对杜佛兰说："你看，这些墙很有趣。刚入狱的时候，你痛恨周围的高墙；慢慢地，你习惯了生活在其中；最终你会发现自己不得不依靠它而生存。这叫体制化。"管理者需要重建框架的胆识和能力，跳出某个情境、建议、策略或问题，着眼于全局，不断更新观念，不墨守成规，相机而动，收放自如，打破僵化的结构，适应这个越来越复杂的世界。

量子组织的基础和策略是迎合动态化、复杂性，将控制让位于创新潜力以及更加敏感的直觉，学会在"模糊性"中成长，构建动态有序并能敏感回应变化的聚变式成长组织，以激发更大的创造力。谷歌的创意开发小组、阿里巴巴将二十多个事业部进行分拆整合、韩都衣舍基于三人小组的平台式组织结构等能实现根据客户需求随时变通、任意组合，从而更加灵活自如地响应动态、复杂的经营环境。量子时代的管理要求我们把目光从"显秩序"上移开，关注更大的"隐秩序"。"隐秩序"看不见、摸不着，但它无时无刻不在。当我们找到它，与它和谐共振时，我们的心灵将变得充实，能量无比充沛，环境变得友善，人类社会将和宇宙一道，得到更久远、更美好的延续。

五、从确定、有限性到不确定、无限性

按照牛顿宇宙观，我们的世界充满界限。同样，牛顿组织中也到处划分界限，定义角色和责任，指明上下级关系和责任范围。组织中有严格的分工、明确的岗位职责、统一的作业程序与行为标准。一切管理对象都有标准，任何事物都可衡量，管理基于衡量，不能衡量就没有管理。牛顿式管理模式下，企业的经营管理遵循线性思维，管理实践中人们相信已经被科学实验反复证明的事情，企业的经营战略、人力资源管理、市场营销战略等诸多方面都是确定的，即便是变化也是在有限的范围内进行。

而在 VUCA 时代，"跨界"成为常态，产业边界变得

模糊不确定，这也意味着我们所面临的是"混沌"的世界，企业难以通过精准的预测来推断企业的成长。黑天鹅事件告诉我们"你不知道的事情比你知道的事情更有意义"。索罗斯将他的主要投资基金命名为"量子基金"，他从海森堡不确定性原理中受到启发并看到了自由市场固有的不确定性，他认为任何论断都有一定的瑕疵和局限性，开放社会属于易犯错的社会，应接纳易犯错性和创造性谬误，远离均衡态。索罗斯曾这样描述他的哲学观点："我的中心概念是人们对世界的理解本来就是有欠完整的，有些状况我们必须先行理解，而后才能做出相应决定，但事实上这些状况往往受到我们做决定的影响，当人们参与某些事时，他们所怀有的期望本身就会和这些事的实际情况不一致，只是有时差距很小，可以不必理会，但有时差距很大，足以构成影响这些事件发展过程的重要因素之一。"在金融投资中，索罗斯的特点就是没有特定的投资策略，回顾"量子基金"的历史就可以发现，"量子基金"的投资策略一直在不断改变，基金成立的前十年，几乎完全将宏观工具排除在外，此后，宏观投资又成了投资主调，也就是说，他并不按照既定的原则行事，却留意游戏规则的改变。根据索罗斯的投资理念，市场总是处于流动和不确定之中，而赢利之道就是向不稳定态或不确定态押注，寻找超出人们预期的发展态势。总之，在索罗斯的投资中，世事绝难预测，万物缺乏理性，一切都是不可预知的，这便是其投资的基本原则。

量子组织的基础和策略需要迎合"不确定性"，将控制让位于对情况更加敏感的感觉和直觉，以及不确定性中的创新潜力。即使最有远见的公司也会被所谓"稳定的重要性"这一信条束缚，但消除不稳定性因素也会抑制正反馈，杜绝一切内部或者外部的可能改变现状的因素。

量子管理范式并不预先给自己设定确定的目标和具体的成长路径，而是注重"发散"思维，在跨界、碰撞中形成各种可能的方向，并勇于试错，而后基于企业家对未来的洞察选择出最有可能的方向加大投入，并在合适的时候进行收割。

不确定性也表现为混沌和秩序的不可分性。混沌并不是摸不着边的混乱，而是在无序中隐含着有序，存在着潜在的不同模式。许多管理者追求稳定、秩序和可预测性，躲避不稳定性、混乱和不可预测性，这种追求静态而非动态的管理理念和模式，就是导致许多企业陷入困境的一个重要原因。我们要认识到"秩序和混沌是一体两面"，要懂得混沌相对于秩序的必要性，"控制"并不一定能达到目标，而混乱往往蕴含着创新。

企业所表现出来的情况并不能以解构的视角去分析，而应该系统、全面、动态地认识。企业的成长并不仅仅局限于单一维度的线性成长，同时还是技术创新和客户价值重构的颠覆式成长。

在不确定性背景下推动企业创新的最好方法，不是成立一个部门去专门推动和考核KPI，而是创造一个环境，给员工一定的自由和灵活度，让各种想法碰撞，让创新自然诞生。最经典的例子就是谷歌。在工作之外，员工有20%的自由思考的时间，可以去想各种各样的点子，并验证它们；可以发起和加入各种团队，开发产品原型——这一度是谷歌引以为豪的工作模式，也催生出了一系列划时代的产品。

六、从现实到情怀（使命感、利他性）

传统观念中，管理的目的主要是促进物质财富的增长，管理的手段主要是物质刺激，而根据量子世界观，寻找意义是人们生命的主要动力。以量子思维来管理的公司，不是由它的产品来定义，而是由它的愿景和价值观来定义的。量子管理强调使命驱动和自我驱动，量子世界观帮助人们重建生命的意义与使命感。组织需要寻找自己存在的意义，明确所追求的愿景和目标，确定应该具有的价值观与使命感。如果把文化在企业中的作用比作一种"场"，包括使命、愿景和价值观，那这个场应当是无处不在的。但企业文化在现实中能否渗透到这种程度？如果不能，问题到底出在什么地方？企业文化要像场一样发挥作用，渗透到每一个环节，这是一个十分具有挑战性的目标。

丹娜·左哈尔认为，一个组织要真正实现创新驱动与人力资本驱动，需要关注人的"灵商"开发，要关注人"灵性"的成长。这就需要在人力资源管理上提供让员工有巅峰体验，一体化价值体验的服务。

量子管理强调从更深的愿景中汲取能量，专注于更长远的价值观，听从于使命感的召唤。使命感远比抱负和目标来得更深刻、更彻底，使命感的本质特征是"应该要这么做"的内在品质。使命感不回避利益、成功、效率等，但这些僵化的价值只是更深层精神价值的副产品。使命感更多关注的是利他，量子管理需要建立利他型商业模式与利他文化，所谓利他型商业模式就是客户价值优先模式，先有客户价值，才有自我价值。丹娜·左哈尔指出，我们所有的人都要对自己负责，我们所有人都是创造世界的人，我们所有人相互之间都要互相帮助，我们共同努力来创造这个世界。每个人都是这个世界中一个独特的表达，这个世界没有不重要的人，也没有可以忽略不计的，每个人都是非常独特、非常重要的，没有人能够代替。正所谓"圣人不积，既以为人，己愈有；既以与人，己愈多。"

量子思维方式是我们看待世界的基本引领原则，这种思维方式不接受"企业存在的目的就是盈利和满足股东的需要"这种观点。以量子观看待整个商业活动，我们会发现商业活动是整个社会的一个组成部分。组织一定对它的员工负有责任；企业一定要对它们的客户负责，要给他们提供高质量的产品；商业一定要对环境负责，也要对未来的年轻的一代负起责任。在这个意义上，量子理念与东方智慧非常接近。东方智慧也强调要有"利他"的价值观，强调"达人利己"，强调"厚德载物"。在互联网时代，这种价值观在企业里，首先体现为客户价值优先，先实现客户价值，然后才有自我价值；其次体现为强调竞合关系，而非零和博弈关系；再次体现为成就他人，成就客户，成就员工。当然，员工也是客户，只有让客户成功才能让组织成功。

公司除了设定经营目标外,更重要的是确定企业的愿景(vision)。公司固然要赚钱,但绝不应以赚钱为唯一目的。我们期待公司对环境、对世界能有什么样的贡献?希望公司产品流通到世界各地为消费者带来什么?创意往往要建立在特定的理想或目标上,才能成功。

七、从他组织到自组织

牛顿管理范式下,泰勒、法约尔、韦伯等早期管理学者所倡导的组织形态注重自上而下的控制,追求稳定、有秩序和高效率,在环境相对稳定的前提下对重要的组织变量加以控制和管理,从而实现对其他所有变量的间接控制。强调组织纪律至上,组织大于一切,个人绝对服从组织,依照上级指令去工作和协作。强调组织要高度集权,员工要依据上级指令做事,崇尚权威等级,个人一定要融入组织,要有严格的分工、明确的岗位职责、统一的作业程序和行为标准,企业要有严格的控制集权,企业协同来自上级的指令。而根据量子管理理念,管理者需要放弃一味控制,允许职员成为独立的代理,自由地相互交往,以创造新的商业价值，这类似于有机体的自组织。管理者和被管理者之间的界限正走向模糊，领导者并非孤立于系统之外，这就要求新时代的领导者以更开放的姿态而并非一种控制欲，去影响和改变他所领导的系统。而这种扁平、开放的体系，也是创新最大的源泉所在。量子管理注重的不是管控，而是要将企业变成一个创业平台，希望在这个平台上有很多创业团队，它们都是自组织的，而不是他组织的。

实现自组织的必要条件之一是具有开放性，即具有强烈的包容性，愿意接触并接受外界的不确定性，并通过"打破组织界限"的方式与外界进行互动，修复组织的缺陷，以此使企业充满生机和活力。

海尔将原本金字塔型的组织结构改造成追求客户价值最大化的倒金字塔式的平台组织，高层管理者在最下面，负责搭建舞台和战略，中层管理者在中间，负责组织和管理，并带领一线员工执行。中层管理者是独立的创业者，运营各自的小微组织，小微组织并不对领导负责，而是基于用户需求进行价值创造，员工自负盈亏、自我驱动、自我控制、人单合一，真正实现了组织无边界、去中心化、去KPI。在此基础上，海尔将企业体制升级为基于自组织小微生态圈的"创客所有制"，人人都是平台生态圈中创新、创业的创客,以社群思维经营企业,每一个小微组织都是公司这棵茂盛大树的分支,整个组织形态从过去茂密繁杂的、基于科层控制、集权化、机械确定、非自主性的"大树"演化为开源社区中散落组合的高度自主、繁衍循环、富有生命力的"块茎"。"块茎"并不固化自己的生存地点与生存环境,只要有合适的生长条件就会安营扎寨,并在条件具备的情况下继续繁衍生成新的"块茎",众多"块茎"最终进化为生生不息的茂密森林。

韩都衣舍打散了自上而下的金字塔式结构而推行"小组制"的自组织结构,每个小组由物流专员、选衣专员、网页制作专员、订单文员组成,小组基于任务导向随时组成也可随时解散,基本拥有90%的运营决定权,"大平台+小前端"的小组制把产品研发人员和销售人员一体化,迎合了"企业平台化、用户个性化、员工创业化"的趋势。小组的组长变成了运营者或者说总经理,这种自组织支持员工进行自我尝试、自我管理、自我成长、自我实现,员工只需两眼盯着客户需求和市场动态,专注地将产品做好,而不需要两眼向上去跟公司高管要资源,极高的自主性和收益性大大地激发了韩都衣舍的内部创业激情,整个公司的经营活力也大大提高。

诸多成功案例表明,未来的企业将会是平台式、生态式的自组织系统。这种自组织系统有以下几个特征:(1)去中心化,没有了管理的金字塔塔尖,管理层级大大减少;(2)去边界化,打破组织界限,真正实现跨界,强调融合共生;(3)自治化,将员工团队化,并给予团队充分的信任和授权,允许团队在自己的领域内进行创造,鼓励试错;(4)结构网络化,团队和团队之间交互连接,最终形成复杂、非线性的网络化结构。

八、从被动性到参与性

根据牛顿世界观,认识是被动的,人只能服从、适应自然界规律。根据量子世界观,人的观察、人的操作,乃至人类的生命活动本身,都可以改变事物的发展与结果。在这两种世界观中,作为观察者的人的位置是不同的。

观测者也是被观测事实的一部分,观测者是促使观测事实发生的因素之一。量子世界观描述了一个参与式的宇宙,主体与客体之间的互动推动了世界的发展。主体和客体不是分离的,主体不可能独立于环境之外,而是参与其中。在这个"参与式"的世界里,没有人是被动的,我们的所作所为、所思所想和生活态度都能在与这个世界的相互联系中产生影响。

每个人都在积极地参与创造我们自己的世界,正如普里高津所说:"所谓的现实,无非是通过我们的积极介入而展现出来的东西。"在大多数企业的考核中,负责考核工作及参与考核的人员不同,考核的结果就会不同,即使参加考核的人也追求公平公正。对系统而言,任何介入都必然导致改变。

按照这一逻辑,如果没有亲自参与计划的制订,人们就不会对计划的目的和执行过程真正感兴趣。在组织行为管理这一领域,我们感受最深的一点是:人们愿意支持自己参与其中的事物。我们不可能强迫他人服从我们的目标,人们只有参与了某个计划的制订过程,亲自经历过,才能有所体会,也才能提出自己的建议。激发人们主人翁意识的最好办法就是:让执行者自己制订行动计划。如果仅仅将制定好的计划交给某个人让他照此执行,往往是不会有好结果的,无论这个计划制订得多完美、多准确。

让员工知其然,更知其所以然,他们才会有创造性并将其想象力释放到工作中,而不是简单地听话、照做。管理实践中可以通过目标管理培养员工的企业家精神,让他们看得到企业的现状，理解为什么这么做、企业如何创造客户、他们的工作意义何在，从而拔高他们的视野，让他们能够站在企业家角度看企业，此时再看自己的任务，他们将会意识到自己的绩效将影响企业的兴衰存亡，他们才会承担起达到最高绩效的责任。OKR（Objectives and Key Results）即目标与关键成果法，是由英特尔公司前CEO安迪·格鲁夫（Andy Grove）根据德鲁克的目标管理理论设计的目标管理工具。OKR在1999年创建后，陆续推广到谷歌、甲骨文、通用电气、领英、脸书等国际知名企业。近几年，OKR在知乎、今日头条、豌豆荚等中国企业也得到应用。作为新型目标管理工具，OKR受到越来越多的创新型企业的欢迎。

  OKR以自下而上的方式设定，员工首先根据自身的情况，如工作能力、擅长领域等设定OKR目标，然后与上级充分讨论，讨论的目的是确保员工所设定的目标具有合理性，即与企业的愿景、使命及战略相匹配。这就可以让员工清楚地了解目标的来源和去向，同时目标也能与个人情况更为匹配。OKR是目标和关键成果的跟踪与监督工具，与员工的薪酬、福利、晋升等无直接关系。因此，员工不用局限于具体指标的完成，不用担心具体指标影响自己的利益。在 OKR 设定过程中，员工全程参与目标和关键成果的制定，这不仅能够充分发挥员工的主观能动性，还可以鼓舞员工设定更高的目标，让员工"站得更高，望得更远"。只有帮助他们站在企业家的角度理解工作的意义，深度参与经营管理的各个方面，才能释放他们的能量和创造力。真正的成绩感、自豪感来源于积极、负责任地参与企业的经营和管理，没有参与感，就没有成就感。

第 4 章

量子型领导:
一场觉醒之旅

量子时代，领导者将面临工业革命时代以来的一场历史性思维变革，这需要从基础上建立一套全新的基于量子隐喻、假设和价值观的领导力体系，以此更好地适应和引领快速迭代和充满不确定性的互联网时代。

一、突破框架，自我觉醒

1. 突破框架

要想成为量子领导者，必须先拥有量子思维。大脑是人体最复杂的器官，也是已知的世界上最复杂的结构，人脑具有三种独特的思维。第一种，串行思维，即理性、逻辑的思维，能够创造概念、范畴以及遵循牛顿原子范式的心智模式。第二种，联想思维，其来源与情绪、感觉、身体记忆相关,并不受限于规则,而是遵循习惯。第三种,创造性和反思思维,它能打破旧有规则,创立新规,识别并质疑一些假设和公认的心智模式。

通常,领导者受自己已经知道的、了解的、习得的以及思维习惯的制约,常常为头脑里的范式、信条、偏见所困,仅仅在舒服、熟悉的领域中思考。手里拿着锤子,看什么都像钉子。因此,领导者急需将自己的视角放大,这种获得更大视角的过程就是"超思维"。

超思维是最典型的量子思维。不管是串行思维还是联想思维,都会将我们困于"鱼缸"之中,串行思维囿于规则,联想思维囿于习惯,这两种思维都将我们局限在单一模型或者单一视角之中。而量子思维的关键在于,它能够将我们带到任何一种特定的模型或视角的边缘,从而使我们得以超越。通过培养量子思维,领导者能够学会处在各种模式的边缘(这些模式包括看待环境、问题、机遇的方法),从而在应对瞬息万变的现实情况时,随时都能有新的视角来制定战略和决策。领导者要拥有自发性,必须卸下防备,展示自身柔弱和真实的一面,接受生活中的一切可能性。

传统领导者生活在一个非常自我的文化中,无论是在私人生活中还是在各种各样的组织中,既没有反思的习惯,也没有促进反思的体系,领导者极少甚至根本不会花时间了解自己或是审视内心。而要拥有量子领导思维,首先应拥有"深层次的自我",这是隐藏在我们内心深处的真实个性,通过日常的行为和思想得到表达。这种深层次的自我能使领导者摆脱自尊的种种限制,赋予领导者遵循内心最高动机来行动的力量;这种深层次的自我使领导者能够挖掘自身无限的潜力,倾听内心深处的召唤,倾听良知和责任感的声音。

高层次的企业家,是思想的创造者和管理者。纵观全球,每一个行业内的佼佼者都是行业内先进思想理念的引领者。企业不仅内部要有良好的、统一的文化,还要有对外引领整个行业发展的思想,要给全行业做出前瞻性指导,发挥引领作用和领袖风范。大企业时代更需要大企业家、管理思想家和战略思想家。在发展观上,要把人类的福祉、国家的政策、行业的利益与企业发展战略相结合,在利益分配上应该遵循分享的原则。在实际管理工作中,要把环境保护、安全、社会责任放在速度、规模和效益之前。企业家要树立终身做企业的观念,要关注国家和民族的命运,要站得更高,要有一往无前的企业精神和人生态度,这样才能带领企业在追寻和实现"中国梦"的过程中做出更大的贡献。中国企业和中国企业家的下一个目标不应只是创造多少个"世界五百强",而应是能否创造更多闪光的企业思想。

2. 自我觉醒

每一个员工都有丰富的心灵与巨大的潜能,领导只需要将其内在的良知良能唤醒。员工的内心世界就像一只藏满宝藏的盒子,在这只盒子里,有智慧、有理性、有意志、有品格、有美感、有直觉等生命的能量。如果我们不能揭开人类心灵的神秘面纱,我们就无法真正理解领导的真谛;如果我们不能潜入人类灵魂的最深处去感悟生命的神奇,我们就永远找不到领导的力量。

苏格拉底曾说自己是"智慧的接生婆"。他利用"接生术"将那个时代的人们的心灵一次又一次从蒙昧状态中"唤醒"。我们的员工,特别是我们认为业绩不好的员工也需要"唤醒",我们应该唤醒员工心灵深处的天赋潜能和内在力量,让员工从"蒙昧"中醒来。

领导的目的不在于传授和灌输某种外在的、具体的知识与技能,而在于从心灵深处唤醒员工沉睡的自我意识、生命意识，促使员工价值观、生命力、创造力的觉醒，以实现自我的意义。领导的过程也不仅仅包括从外部引导员工，还包括唤醒员工内在的心灵能量与人格理想，解放员工的智慧，发展员工的潜能，激发员工的生命创造力。

当员工的求知欲望与生命力量被唤醒后，就会自觉主动地探索未知的世界，而这个探索的过程也就是员工自我唤醒心灵智慧的过程。领导是为了不领导，也就是为了引导员工进行自我领导。员工能够进行自我领导时，就会全身心地投入学习与生命成长中去，这种亲身的体验以及知识的获取是经过他们自己验证的，这样也就将员工独立思考的能力培养了起来，员工有了自我思考的能力，也就有了明辨是非的智慧，就会留心发现周围的世界，探究其中的道理，并思考怎样与世界发生联系。在这个探索的过程中员工自然会得到成长的力量，并一定能找到自己生命的意义与方向。

自我觉醒的前提是具有"场独立性"。"场独立性"是个心理学术语，指的是能够公然违抗大众观念，或者打破自己之前的思维定式。领导者应具有坚定的人生信念，即使它会让自己变得孤立。只有了解自己的思想，坚持自己的观点，才能洞悉自己所处组织的主流观点或文化，才能置身突发状况之外，看清事情的本质。"场独立性"要求领导者能够将思维与固定的模式或者范式脱离开来，能够发现自己什么时候犯了错误，更要能够摆脱掉各种纠缠不清、可能禁锢自己的东西，如贪恋、怨恨、憎恶、嫉妒、渴望被他人夸奖或希望他人给予。

量子领导者强调人与人之间交互的"同理心"。同理心是主动地感受别人的感受，愿意参与其中。以同情、理解对方的心态去行动，会给我们带来大智大慧，带来新的思路、新的力量。

3. 开发灵商

量子管理学的创始人丹娜·左哈尔主张开发"灵商"。灵商（Spiritual Intelligence Quotient，SQ）即对事物本质的灵感、顿悟能力和直觉思维能力。量子力学之父普朗克认为，富有创造性的科学家必须具有鲜明的直觉想象力。无论是阿基米德在澡盆中获得灵感最终发现浮力定律，还是凯库勒关于蛇首尾相连的梦而导致苯环结构的发现，都是科学史上灵商飞跃的不朽例证。

丹娜·左哈尔强调，要开发员工对事物本质的灵感，要让员工有顿悟能力和直觉思维能力。组织要激发人的创造力和创新性，要满足他自我超越的需求，要让他有巅峰体验。从这个角度上来说，企业的激励体系、分配体系，就要更多地去关注员工的体验和物质以外的东西。这与我们提出的"全面认可激励"是一致的。全面认可激励即要让激励对象得到成就感，让他实现自我超越，获得高峰体验和灵性成长。

很多企业的高层领导者们都承认，他们的决策经常依赖直觉，但极少有人把他们的直觉能力公开，更少有人努力去传播并设法把直觉性的认知整合到组织的发展活动和实践当中去。由于网络时代可用的信息量过于巨大，领导者就必须在管理实践中不断探索并经历新的认知方式，塑造出一个"全脑型"的组织——这样的组织既能直觉地认知，又能理智地判断。管理界有一句名言："智力比知识更重要，素质比智力更重要，觉悟比素质更重要。"因此，在强化智商、情商的同时，我们必须要站在灵商这个制高点上，以期获取更大的成功。

未来企业的竞争是领导人灵性的竞争。马云是一个充满灵性的人，他不懂技术，却能把理念、模式和人群融合到一起，使电子商务与人们的日常生活密不可分。乔布斯也是一个有灵性的人，他说下一波商业浪潮面向的将是意义、人生目标和深层生命体验，真正有意义的全球品牌需要包含一种基本的人类关怀和情感，寻找人类共同的价值，并将其植入品牌中。高灵商的领导者，对自己有更深刻的认识，能够体悟到自己的内在价值、内在追求。这样，他就有足够的能量，可度过任何困境，向着自己的梦想前进。灵商是一种综合性的心灵的能量。这种能量让自己与外在保持很好的连接，不仅能感受到人际方面的情感，更能感受到整个世界和生命的相关性。在有利的环境中，他能够充分运用条件，去实现自己的追求和梦想，去做自己想做的事情。在不利的环境中，他又能更加深刻地激发出创造力和改革的决心，获得创建新环境甚至改革社会的力量。

4. 使命与价值观引领

根据量子物理学的观点，"真空"中存在无形的场。引申到组织中，则是组织中存在一些看不见的影响力，如文化、价值观、愿景、道德规范等。这些所谓的"场"虽然在我们的日常管理工作中不具备实际形态，看不见、摸不着，但其在管理中所发挥的作用却十分重要。它们能促使组织中的个体形成自己的态度，并且相互作用。显然，如果能够帮助组织中的个体达成共识，不但有助于培养和谐的组织氛围，更有助于整个组织提高效率。所以，作为领导者要学会运用这些看不见的力量，通过组织文化创造一种团结向上的氛围，通过价值观增强组织的向心力，通过愿景描述一个美好的未来增加组织动力，通过道德规范指导成员的行为与操守。

在传统领导思维的影响下，领导者竭尽全力满足现有的需求，或通过控制需求使得人们对产品产生欲望，也就是创造出供给不足的情形，使人们永远不满足，并缔造出现代社会的错觉，让人们认为个人的精神空虚可以用物质来填满。然而，量子领导者意识到人们是追求意义的，组织应致力于为消费者提供可能性、梦想和意义。这样的领导者所鼓励的组织基础架构能够将他自己的、以意义为中心的方面以及公众的以工作为中心、以目标为导向的方面和组织成员的生活结合起来。领导者首要的责任是明确：我要把组织带到哪儿去？量子领导者会有一个清晰的目标和愿景，更为重要的是，这一目标和愿景含有马斯洛"自我超越"的成分。他们会在努力追求利润的同时，也为商业发展和人类福祉增添一些新的维度。

马云在湖畔大学开学第一课中讲到了"正本清源谈企业使命、愿景、价值观"。他曾经在日本街上的一个小店里，看到门口挂了一块牌子，上书"本店152周年店庆"。马云很好奇，这家店竟然有152年，跑进店里一看，估计（店面）不会超过20平方米，两位老人在里面做糕点。他们家的糕点连日本皇宫都来订货，老人的孩子在京都大学读书，不过毕业以后，也会接手把这个店开下去。两位老人过得快乐、舒适。

成功的公司与普通公司的不同之处就在于：它敢于迎接巨大的、令人望而生畏的挑战——就像攀登一座高山一样。《企业不败》（*Built to Last*）一书提出"宏伟的、大胆的、冒险的目标是促进进步的有力手段"。真正成功公司的目标是明确的、有吸引力的，能够把所有人的努力汇聚到一点，从而形成强大的企业精神。一个真正的目标具有强大的吸引力，人们会不由自主地被它吸引，并全力以赴地为之奋斗。它非常明确，能够使人受到鼓舞，而且中心突出，让人一看就懂，几乎或完全不需要解释。目标的高低决定了企业业绩所能达到的限度。

二、互动关联，激荡能量

在传统领导思维下，每一个孤立的组成单元都在冷酷地追逐自身利益，不理会彼此间相互的关联。但领导不能把组织划分成一些相互竞争的孤立部门和职能团队，冲突和对抗的旧模式必须让位于动态整合的新模式。当个人融入更大的工作整体时，新模式必须保证个人所关心的完整性。在量子管理思维看来，个体与个体之间的充分连接和交互，将产生难以预测的创造力群体智慧。量子型领导注重关联和互动，将个体蕴于关联之中，在互动和碰撞中升级智慧和创造力。个体孕育观点，交互产生价值网，互动交流产生聚合效应，产生群体创新。在量子领导思维引领下，组织的基础架构能够激励关系的构建，包括领导者和员工之间的关系、员工之间的关系、各部门和职能团队之间的关系等。量子领导者既能了解企业的环境——人、组织、社会和生态环境，也能构建并激励与环境进行沟通对话的基础架构。

量子物理学认为微观系统的状态，具有参与的性质。这就要求领导者注重参与，注重授权。"参与式"管理应用到现实中，主要表现为借助民主参与，组织成员群策群力，在选择权、决策权、参与权和受益权方面得到公平对待。参与式管理与以往传统权威式的领导模式有所不同，其基本原则是给予组织成员更多的决策参与权，同时赋予下属对其本职岗位较大的控制权和选择权。参与式管理让组织中的领导摒弃了对下属命令式、监督的管理方式，组织成员可以积极发挥个人主观能动性，对组织的事情更加关心，积极参与组织的决策制定，增加对组织的归属感和责任感，从而在无形中提升工作热情和士气，提高工作满意度，同时提升决策品质，保证决策顺利执行。

每一个事物在世界上都不是孤立的存在。企业里虽说有不同部门，但也需要打破"部门墙"，开放地合作，互通有无。注重关联，就是要在一定程度上打破恒定的部门界限。在硅谷，很多世界级互联网企业的总部的办公空间并非传统的格子间，而是开放式的办公室，甚至很多管理者都没有自己独立的办公室。据说在脸书总部，办公楼里的茶水间和休息室都经过重新规划，可以促进不同部门的员工更多地交流。颠覆传统的工作环境，意味着员工之间有充足的互动，而创意往往是在互动之中产生的。高频的互动在很大程度上决定着现代企业的运营能力，在以谷歌和脸书为代表的硅谷创新型企业中，组织结构一般都是基于任务或项目的，这种组织结构既灵活，又能使员工不断与其他部门产生联系。除此之外，在脸书，员工不仅能自由选择岗位，而且每隔一年半，工程师就必须暂停本职工作，加入其他项目,而在一个月之后,可以选择回到原来的团队,也可以决定加入新团队。通过这种方式促进内部流动,从而促进信息的流通,而创意就产生于这种流动中。在谷歌,有一个全体员工都能参与的学习项目,即"谷歌人对谷歌人"(Googler 2 Googler),每个员工都可以开设自己的课程,向其他同事提供培训,这些课程可谓五花八门——既有技术性很强的课程,比如搜索算法的设计、MBA课程,还有其他纯粹娱乐性的课程,比如走钢丝、吐火或者讲解自行车的历史等。这些课程,不仅增强了每个人之间的联系,而且带来了新鲜的精神风貌,有助于营造更具创新性、更快乐、更有生产力的工作环境。

华为采取项目式的组织运行机制,通过项目的动态线条,消除了企业各种结构性边界和板结。在一些业务流程上,通过前台灵敏的铁三角、权责深度下沉,让一线能够有充分的权责来"呼唤炮火"。前中后台快速拉动、高效联动。为了支撑这些组织和流程机制,管理者也不断创新激励机制,近年来不断优化"获取分享制"。阿里巴巴的政委体系让业务和人力的条线融合,你中有我、我中有你,直接交互;在团队建设上强调插件式的人才、插拔式的团队,人与人之间即插即拔、灵活攻坚。海尔13年来一直创新实践其"人单合一"模式,让员工与用户直接连接、员工价值与用户价值直接连接,用户付酬,让员工与员工之间围绕用户价值动态合伙,激发自组织伙伴们成为小微创客,海尔由此成为一个宽阔的大平台,结成了"大平台+内外部小微创客"的合作生产关系,甚至升级企业体制为"创客所有制"。万科最近几年也在组织上大力变革创新,比如通过任务导向型组织,打破组织边界板结;通过将自上而下的战略与自下而上的"V战队"等机制有机结合,让更多奋斗者有机会自发涌现、自我挑战、自主担当、自组织创新创造,让人们更直接、更紧密地连接,服务客户,让组织内外部共同创造真实价值的伙伴们,通过事业合伙组织与机制的持续创新,结成共创、共担、共享的事业共同体。

一个人想从生活中或是工作中获得财富,他必须学会给予和服务。在一个相互连接的宇宙中,给予得越多,得到的也就越多。所谓的社会责任行为(如尊重所有的利益相关者、爱护环境等)实际上不过是一种普遍的认知。领导者一旦开始使用量子化行动的技能,他们就会发现组织在"做善事"的时候真的也可以经营得很好。在次原子水平，物质只有通过联系才能产生。同样，只有通过关联，一个人潜力才能得到释放。当一个人开放地去关联时，新的实体就会产生，新实体的能量要大过两个人能量的简单相加。

关联是基于无条件的、积极的尊重。如果领导者拥有自己的感觉，而不是把感觉投射到别人身上，他就会发现所有的关联都是特别的学习机会，个体会开始明白没有任何机会是无理由地产生的。那些能给领导者最多教益的人通常不是最受欢迎的人，而是对他们的心理和精神的完善以及组织的有效性最有价值的贡献者。领导者需重新设计组织中的优先次序，创造用于进行对话的时间和空间，相信经过改善的关联会产生更完善的结果。在做这些事情的过程中，他们会发现进步只是伙伴关系的一个副产品而已，他们会抛弃过时的模型，真正成为变化的主导者，从内到外地改变他们自身，改变他们的组织。

三、探索求新，兼容并包

牛顿式的商业领袖往往相信这样一种观点：问题通常只有一个最佳解决方案，只有一种最佳策略，只有一种最佳答案。而量子式系统会同时尝试多条路径，并且通常会达到一个创新的终点。量子领导者能够预测一种场景或者一个问题多种可能的结局，通过尽可能地采纳其他方面的意见，探索多种可能的解决方案。这使得领导者能够为急速的变化和不可预知的情况做足准备，并且更好地理解各种复杂局面。

量子型领导培育探索求新的能力的主要路径是实现从"线性思维"向"复杂非线性思维"的转型。现实工作中，传统领导者往往爱用"线性思维"进行思考，也早已习惯了用"线性思维"去看待复杂世界。但这会让我们对很多事物进行错误的判断、选择以及预测，让我们错过大好的机会、得出与事实背道而驰的结论。如果不能对自己早已习惯并不断自我巩固的错误思维方式进行觉知并刻意改变，我们就会继续沉迷其中，结果只能是距离真理越走越远。

我们面临的管理问题已经从"复杂"转换到了"错综复杂"。复杂的事物或许有很多个部分，但是这些部分是以比较简单的方式彼此连接的：一个齿轮转动了，其他齿轮也会转动。即使是内燃机这样的复杂装置，也可以被分解成许多有着内在联系的小部件。一旦设备中的某一个部分被激活或改变，我们就能够比较确定地推测接下来会发生什么。而错综复杂和复杂不同，它也含有很多个部分，但是部分与部分之间的关联性更强、更多，互动的密度更高、更活跃。如果说复杂系统的特征是"线性运行"，那么错综复杂的系统的特征就是"非线性运行"。非线性运行是造成不确定性的主要原因，它使得事物的发展结果难以预测。量子型领导处于有序和混乱之间，处于粒子态和波动态之间，也处于现实存在和潜在可能之间。量子领导者必须非常灵活、反应敏捷，处于"边缘"之上。组织也必须不断发展，不断变迁责任和身份的界限，实验新的生活工作模式，获得新的信息源和新的技术系统。

量子领导强调"兼容并包"，而不是"非此即彼"。在量子领导思维下，量子组织应该有可以综合不同层次责任，适应各式教育、专业和职能背景的基础架构，并且这种基础架构能有助于权力和决策下放，真正实现"百花齐放"。

量子领导者的管理思维强调"灰度"，不求全责备，允许犯错和失败，他们会建立内部试错机制，鼓励迭代创新与颠覆式创新。这样的组织具有包容性的文化，不用一套标准、一个"模具"去评价人才；能够释放人性，让个体自由发挥、自由碰撞，实现价值创造最大化。公司不再只是实现组织目标的场所，也是员工不断学习、成长、自我实现的场所。领导者拥抱多样性意味着理解一个问题或者推导一个策略的最佳方式，是尽最大可能得到关于这件事的尽可能多的观点。这就是认知多样性。真正的多样性意味着热爱或者至少珍视不同的观点，当然，这需要领导者更加谦虚地看待自己的观点，并要求领导者确保自己能够做到自我质疑。为此，领导者应深信真理来自冲突或是某种自组织中的潜力。

华为的巨大成功和任正非的"灰度"管理哲学有着密切的关系。一方面，他的思想体现出典型的"认知复杂性"特征，即能够对某一事物的多个侧面进行认知和探索，同时又能对每一范畴中的矛盾或对立的两种影响因素进行分析；另一方面，他能够在这两种矛盾因素中形成统一的对策，并且将相关的多侧面的范畴因素整合到对事物的整体认识和把握中。实际上，在2000年以后，任正非就开始明确提出所谓的"灰色"理念。"灰色"就是黑与白、是与非之间的地带，灰色的定义就是不走极端，在继承的基础上变革，在稳定的基础上创新。任正非本人在《开放、妥协与灰度》的讲话中明确地提出了"管理的灰度"这一范畴的基础性和重要性，指出"一个领导人重要的素质是把握方向和节奏……一个清晰的方向，是在混流中产生的，是随时间和空间而变的，它常常又会变得不清晰。并不是非黑即白，非此即彼。合理地掌握合适的灰度，可使各种影响发展的要素实现和谐"。这种"灰度思维"除了被任正非应用于华为的研发政策与管理外，还被任正非广泛地应用于华为的战略目标、市场政策、组织设计（人员培养与文化建设），以及华为的产权与利益分配等诸多方面。这表明，基于"灰度思维"的"企业灰度管理"可以被认为是华为的核心管理理念之一。

四、平衡把握，共享共赢

1. 和合平衡

量子领导者需要培育基于阴阳平衡的和合能力。比如，要处理短期效益和长期发展的关系，要处理产品创新和生产效率之间的关系，要处理股东、客户、员工和社区之间的利益平衡关系，等等。在组织层面，要考虑科层制和扁平组织之间怎么平衡，跨界、无边界和职责清晰怎么平衡，集权和分权、有序和无序、组织内部的分工与协作之间该怎么平衡，正式组织和非正式组织又该怎么平衡，等等。

就组织架构而言，企业不会是绝对的科层制或者完全的扁平组织，而应该是科层制之中有扁平组织的影子，扁平组织中也有科层制的原则，两者之间往往是融合的关系。

再如激励，是团队激励还是个体激励？团队激励有利于团队合作，但可能会打击优秀个体的积极性。如果强调个体激励，又可能会削弱个体之间的团队合作。此外，物质激励和精神激励又该是一个什么样的关系？过分强调物质激励，有可能会削弱员工的内部工作动机和对工作的内在报酬感，而缺乏物质基础的精神激励又可能是海市蜃楼。那到底什么情况下才算是平衡？

再比如，我们是要强调员工的自我管理还是要加强考核？考核是要以过程为主还是以结果为主？是要因人设岗还是因岗找人？在培训的时候要更为强调专业技能的培训还是通用技能的培训？对员工行为的约束，更多的是要依靠制度还是要依靠软性文化来约束？

在领导风格方面亦然。比如，领导到底应该以自我为中心，还是以他人为中心？领导跟下属之间是应该保持一定的距离，还是要跟群众打成一片，拉近距离？或者说在什么情况下该保持距离，什么情况下该拉近距离？做领导的要同等对待所有的下属，还是要根据下属不同的个性，不同的特点区别管理呢？我们是应该加强管控还是提倡无为而治？

所有的这些都不是非此即彼的。一个优秀的量子型领导能够有效处理这些矛盾，将其统一在动态发展的平衡当中，并通过这种动态平衡获得组织自身的发展。这种能力实质上是一个组织核心能力的体现。那些能够实现良好平衡的组织才能走得更久、更远。当组织所处的外部环境比较简单、稳定、线性、可预测的时候，组织的功能就很单一。而随着环境越来越动态、模糊、不可预测，客户的需求更为多样化，企业的战略和组织本身就必须具备一定的二元性和矛盾性。

一个典型的例子是丰田。丰田的生产管理风格一直在业界非常有名，被称为"民主泰勒制"。在用好标准化、专业化和高效流程管理方法的同时，还能够融入员工的自我管理和民主管理的要素，这使得丰田这种特有的"民主泰勒制"取得了刚柔相济的管理效果。

另一个例子是IBM。IBM前任CEO郭士纳在他的著作《谁说大象不能跳舞》中提到如何把IBM这么庞大的一个企业，打造成具备小企业般敏锐的市场反应能力的"会跳舞的大象"。一般而言，当企业规模扩大的时候，带来规模效应的同时，也会失去对市场的反应速度。如果企业能够做到既有大规模企业的稳定和效率，同时还不至于失去小企业的灵活性，那么这种企业就能够走得更远。柯林斯的《基业长青》一书也得出了同样的结论：那些高瞻远瞩的公司秉持兼容并蓄的精神，不断地寻求保存核心能力和追求进步之间的平衡。也就是说，企业有一些核心内容要稳定保存下来，但另外有一些需要不断地去变化、去创新，两者之间要维持平衡，在公司之中和平共存。

类似的例子在国内企业中也有。有的企业通过组织结构的空间分割，专门设立一个机构，去瞄准行业的前沿技术，尝试各种各样的创新。对这种创新机构的管理非常宽松，组织结构高度扁平化，也不考核它们的盈利指标，使得创新氛围很浓。但是对其他部门，则采用传统的短期利润导向的考核。站在组织的层面上，这种空间分割既能培育未来的核心竞争力，适应未来竞争需要，也能够用好组织现有的技术和产品，获取短期的盈利。有的企业通过时间上的分割，来实现短期效益和长期发展的平衡。比如，在项目初期孵化阶段做大量的投资，管理上也很宽松，不做各种利润指标的考核。当项目成长到比较成熟的阶段时，就成立事业部，开始转变管理模式，强调规范管理，考核

第4章 量子型领导:一场觉醒之旅

短期利润,让员工的收入跟利润挂钩等。因为企业会在同一时间段同时孵化和运作不同的项目,这些项目和事业部所处的生命周期不同,因此从组织层面来看,此举保证企业同时具备当前的竞争力和未来的竞争力。量子领导者能够调和不断变化甚至时而相互矛盾的各方需要。

简而言之,领导就是要认识平衡、把握平衡,让组织和个人能够在动态平衡之中得到发展。

一方面,需要研究管理中各类平衡的内容和形式,大致可分为战略平衡、组织平衡、领导平衡、人力资源平衡等方面。其中,战略层面至少存在三大平衡:短期效益和长期发展的平衡;产品生产的效率与创新的平衡;利益相关者的平衡。组织层面至少存在四大平衡:分工与协作的平衡;集权与分权的平衡;契约与关系的平衡;规则与例外的平衡。人力资源管理的平衡内容更多,如个人与团队怎么平衡;竞争与合作怎么平衡;人力资源制度与管理者的能力怎么平衡;物质激励与精神激励怎么平衡;自主管理与加强考核怎么平衡;制度约束与文化管理怎么平衡;等等。除了上述平衡,不同层面各要素之间可能也需要平衡,比如战略和组织之间怎么平衡,组织和领导之间怎么平衡,组织和人力资源管理之间怎么平衡,等等。

另一方面，需要关注平衡动态演变的过程，关注组织从平衡到不平衡再到重新平衡的过程和机制。组织中各种不平衡可能是常态。组织达成平衡的过程是组织战略升级和组织发展的过程。旧的平衡状态存在过久，可能会产生一种惰性。这个时候我们就需要主动打破旧的平衡，建立新的平衡，这种过程其实就是组织变革。每一次重新达成平衡的过程，都是组织发展和组织能力建设的过程，组织的核心能力和对环境的适应能力都会随之提高。我们还要研究平衡的动态性和相对性。平衡是动态的，它意味着情境中各种力量的变化会随时打破现有平衡，这个时候就需要去寻找新的平衡点，寻找动态的平衡点，要综合情境中各种力量而做出反应。

2. 共赢共享

量子领导者通过运用整体性思维，能发现在许多不同种类的事物之间存在更为深层次的共性。在精神层面上讲，整体性思维能使领导者更深刻地了解问题。拥有整体性思维的领导者可能极其依赖直觉，这本身就是一种最初的对于模式、关系和相关性的前逻辑感知。这种领导者对于内部工作组织、内部工作情况非常敏感。在整体中，他们会担负起属于自己的责任，同时也能清晰地意识到整体会对自己和他人造成的影响。量子领导者的整体性使部分或个体都可以成为一个体系，也使组织变成一个复杂的、自组织的自适应系统，并充满创造力。

组织中的人事关系不再是简单雇佣与被雇佣关系，而是相互雇佣、相互合作的关系。要从招聘人才到邀请人才入伙，从雇佣人才到追求与人才合伙，建立分层人才合伙制。通过共识使大家为了一个共同的目标聚合在一起，通过共担使责任能够下沉，通过共创使权力能够下放，最终实现共享。

在企业目的方面，量子思维告诉我们，股东利益只是企业目的一个方面，企业的目的应包含社会进步、股东回报和员工幸福三个方面的内容。片面强调股东至上只会让企业发展短期化，使企业失去社会基础和员工支持，丧失活力。按照《公司法》，股东只按出资额在股东会行使相应权利，同时也只承担以出资额为限的相应责任，公司则拥有相应的法人财产权，是自负盈亏的独立的法人主体。从这个意义上看，股东可以通过分红和买卖股票而获利，也可以通过股东会行使相应权利，但公司并不属于股东。

传统的企业由于过分强调股东至上，一些股东把董事会当成橡皮图章,董事也唯股东是瞻,某些股东通过董事会和管理层掏空公司的事情屡有发生。还有一些股东以短期套利为目标谋求上市公司控制权,进而以短期市值为目标,诱使企业董事会和管理层减少技术创新等长线投资,再利用短期高利润拉升股价,最后高位减持获利,在这个过程中,管理层也拿到了高薪和奖励,却损害了员工利益,这使一些上市公司沦为反复套利的工具,最后损害了公司的健康发展。

随着信息时代和网络时代的到来,公司的资本形态发生了重要变化,资本不再只是机器和厂房,有创造力的员工成了企业最重要的资本,虽然资产负债表上没有记载企业的人力资本,但员工能力已经成为企业创造财富的动力源泉。在这个时代,企业应该成为一个财富共享平台。实际上,建设共享平台已经成为今天优秀企业的自觉选择。华为等高科技企业采用员工持股等方式,用"财散人聚"的思想使企业得以快速发展,极大地调动了员工的积极性,增加了企业的向心力和凝聚力。

其实,员工持股也是当代世界的潮流。通过员工持股,员工不仅可以分享企业创造的财富,还可以真正获得身为企业主人翁的归属感。除员工持股外,让员工分享企业财富的办法还有分红权,这也是一些跨国公司广泛采用的分配制度。员工分红权方法的核心在于把企业的利润直接分享给员工一部分,其余的归股东支配,员工不一定要持有股份,依照这种方法,员工每年都能根据企业的效益估算出自己的收入水平。不少跨国公司是管理层奖励股票,而员工享受现金分红。

在国有企业机制改革中,要深刻理解共享理念的深层次意义,积极引入共享机制,应该把国有资产保值增值和员工以人力资本参与利润分配统一起来,大力推行员工持股和员工分红计划,建立员工利益和企业效益之间更加紧密的关系,提高国有企业的活力和竞争力。通过共享企业财富的机制,使企业成为国家和员工共享的创富平台,让员工凭诚实劳动致富,实现社会的均富和共富,这既符合我们的共同理想,也会对企业发展产生更加强劲的推动力。

五、自下而上,服务利他

传统意义上的领导者往往被视为"老板"的同义词,它传递了这样的信号:只有身在高位的人才是"领导者"。正是由于这些根深蒂固的习惯,我们倾向于把职务权威混同为领导力。但实际上,领导的本意是"向前迈进"的一种行为,而且这种行为方式能够鼓舞他人。"鼓舞"是另一个与领导力相联系的词,它的本意是"带来生命"。"管理"这个词的本意是"插手介入"或"控制"。在如今的世界,过往原子式的思考已经无法妥善处理现在的情况,组织已经无法凭着命令、指令来应对管理事务的复杂性。

量子领导力思维强调来自非职权的影响力。量子思维下,整个组织的驱动力、能量来自信念,而不是来自权威;组织的动力不是来自高层,而是来自基层;组织的智慧不再是自上而下形成,而是自下而上形成,上下联动;管理的驱动机制也不再来自指挥命令系统,而是来自使命驱动和自我驱动。领导不是发号施令者,而是服务者,是支持者。服务型领导靠愿景引导企业,靠与员工建立信任关系来领导企业。量子领导者为员工提供成就自我的平台,在团队成员清楚了所有情况之后,领导就应该走开,把位置留给他们,让他们承担责任,自主性地做出决策。领导要做的,就是在旁为团队提供服务和支持。

服务型领导理念最早是由美国管理顾问罗伯特·K. 格林里夫（Robert K. Greenleaf）于 1970 年首次提出的。"谁愿为首,就必做众人的仆人",格林里夫据此发展出的服务型领导理念正在引领一场管理领域的革命。在《服务型领导》一书中，格林里夫精辟地归纳了服务型领导的特征，主要包括倾听、接纳和同理心、省察、说服、医治、管家意识、预见等。格林里夫认为服务型领导首先是仆人，他怀有服务为先的美好情操，他用威信与热望来鼓舞人们，确立领导地位。在今天的企业中，顾客是组织最重要的资源，组织一切成就的根本在于了解并满足顾客需求，提高顾客的满意度。组织与顾客的关系不再是一次性的，而是终身的合作伙伴关系。顾客也是组织的一员，并且是组织中所有资源服务的对象，不断提高顾客满意度是组织生存与发展的根本保证。"有了满意的员工，才会有满意的顾客"，领导者必须满足员工的基本需要，为他们扫除工作中的障碍，让员工得以全身心地服务于顾客。

海尔将权力下放给每一个部门领导，使每一个小的业务部门都能自己做出适合本部门发展的正确决定，并对自己的决策负责。权力下放后，量子领导者只以一个服务者的形式存在。海尔这些年一直尝试把公司从"正金字塔"结构转为"倒金字塔"：接触客户的员工在第一线，领导在下层，领导从原来的指挥者变成了资源的提供者。张瑞敏说，在互联网时代，企业要变成"员工听客户的，领导听员工的"。海尔正在发生一场"中间层"革命。华为把资源更多地配置到一线"能听到炮火的人"手中。这些人是与客户紧密接触的团队,可以是销售人员、售前技术人员、售后技术人员等。而"炮火"则包括市场竞争中客户的需求、对手的情报和资源、市场环境,以及公司赋予的各类资源,包括团队人员、支撑人员、成本、物流、设备等。所以,华为的理念大意是"让听得见炮火的人有权呼叫炮火,在资源有限的情况下,优先、科学、快速地发射炮火,以获得最大收益"。

六、赋能无为,释放人性

1. 释放人性

根据原子式思维,组织中的每个个体只是一个分子,一个螺丝钉,一个工具,孤立而渺小,价值有限,必须和其他的分子组合起来、借助组织才能产生能量。但是,量子式思维讲求尊重个体的力量,同时尊重群体智慧的力量。

相对于对物的管理,对人的管理难度更高,因为在整个动态的管理过程中,充斥着世界观和价值观的冲突、性格特点和人文特点的冲突以及成长经历和知识结构的差异性，人与人的关系始终处于不稳定、不可预测的状态。量子型领导承认个体的力量，尊重人才个体的独特性与独创性。渺小的个体可能也会产生无穷的力量，形成高能量个体，微小的创新可能会带来颠覆式的变革，个体力量的聚合和爆发可能会带来整个体系的量变和质变。因此，量子型领导提倡要尊重每个微小个体的话语权和参与权，强调群策群力。这与工业文明思维强调企业家个人智慧、个人驱动有所不同。

用量子思维来重新认识管理，领导者的角色自然会发生转变。传统管理模式下，领导者像是大海中的灯塔，站在高高的地方引导和决定着员工的行动方向和行为。而在混沌的环境中，"灯塔"本身可能也会看不清方向，不能承担独自决策带来的组织风险。量子管理思维主张组织机制大于管理，管理机制的核心是激活人的价值，释放各种能量，鼓励员工自由创新，强调组织机制的驱动作用。因此，量子领导者需要放弃权威，放弃高高在上的指令，做一个参与者、组织者、支持者、鼓舞者、观望者、服务者，从前端转到后端，从有为转向无为，以共同的愿景和价值观来激发和组织人，而不是以权威来控制和支配人。量子型领导者需要真正打破官本位思维，去领导化，去控制化，强调愿景与文化导向。领导主要负责建标准和建规则，而不再是层层管控。

作为管理者必须理解一件事：控制如果不能激发员工的积极性，实际上就失去了意义。事实上，这已经不是一个强调控制的时代，我们更应该留意到，在企业界被越来越多的人接受的观念是"将员工变成老板"，其表现形式往往是"事业合伙人制"。我们承认在没有任何指导的情况下，员工自主行动将会产生一种混乱状态，并且对形成共同的奋斗目标及努力去争取优秀的工作业绩产生障碍。然而，以控制为手段极易导致官僚主义的管理作风，从而磨灭人们的革新精神与创造力。真正的控制只能是来自员工个人的，这种控制才能够实现管理的高绩效。

根据量子管理理论，人的价值不可估量，沟通、交互的价值不可估量，因此需要释放人性，激活个体。这要求组织首先给员工充分的"自由度"。就像张瑞敏所说的："每个人都希望得到别人的尊重，我的任务就是创造一个环境，让大家充分发挥个体的力量，自由组合，自由连接。"在他看来，量子领导就是要把权力下放，下放给每一个员工，放手让员工发挥集体创意，自下而上地为公司注入源源不断的动力。海尔推动创客平台，归根结底就在于让所有人在海尔搭建的创业平台上自由驰骋。在谷歌，每年都有一个创新清单，每个员工都可以根据自己的兴趣，自由加入任何一个项目，也可以中途退出或者加入其他项目。并且每个员工在日常工作中都有 20% 的个人时间，这些时间可用于任何创新项目。谷歌的实践证明：即便有些项目不能够演变为令人眼前一亮的新发明，也能产生更多精干的创意精英。

2. 破除权力的魔咒

对人类文明威胁最大、破坏最惨烈的，首先是不受制约的权力，其次才是自然灾害和人类的无知。把权力关进笼子，才是文明社会的核心和人民幸福的牢固基石。

3. 从激励到赋能

"赋能"最早是积极心理学的一个术语，指通过言行、态度、环境的改变赋予他人能量，后被广泛应用于商业和管理领域。管理者通过赋能，使员工感到自己被信任，从而积极把握机会，调动个人的主观能动性和创造性，最大限度地发挥个人才智和潜能。赋能思想认为企业最宝贵的资产是优秀员工，应选择那些极具天赋、有强烈欲望、渴望成长的人才，打开人才上升通道，赋予他们责任和挑战。

随着互联网发展成长起来的年轻一代已经步入职场。他们充满创造力，敢于冒险，自我意识极强，在工作中更多地追求成就感和社会价值。针对这些员工，"控制型""激励型"的管理模式早已失去优势，"赋能型"的管理模式逐渐成为主流。年轻一代需要更开放的工作环境、充满朝气和创意的团队氛围以及自身价值被充分认可的激励机制。

《重新定义公司：谷歌是如何运营的》一书中写道："未来企业的成功之道，是聚集一群聪明的创意精英，营造合适的氛围和支持环境，充分发挥他们的创造力，快速感知客户的需求，愉悦地创造相应的产品和服务。"阿里巴巴执行副总裁曾鸣教授在该书推荐序中写过这样一段话："未来组织最重要的功能已经越来越清楚，那就是赋能，而不再是管理或激励。"互联网时代大大释放了个人潜能。在脸书这家全球最大的社交网络公司的月活用户数量达到20亿时，扎克伯格宣布了新使命——"赋能于人营造社区，致力世界紧密融合"（Give people the power to build community and bring the world closer together）。

财经作家郝亚洲在《"赋能"的底层逻辑以及实现"赋能"的基本条件》一文中写道：网络是去中心的，互联网的意义在于个体知识多层化的实现，知识的多层化必然要求权力的碎片化，而"赋能"是个体之间基于信任和平等产生的权力交互过程，实现这样的交互只有一条路径，就是将层级组织转变成网状组织。这种组织的必要性，郝亚洲在《为什么说华为的军事管理并不具有普遍意义》一文中做出了更具体的解释：企业再小，也不如个体的反应速度快。企业要在适度空间内，将处于顶层的企业家智慧让渡给个体智慧，这才是高级的"组织智慧"。茑屋书店创始人增田宗昭将这种公司称为"人性尺度的公司"，将这种组织方式称为"云思路的组织"。茑屋书店是日本规模最大的图书、唱片、电影 DVD 租赁连锁店，因其环境优美，可以为消费者提供怦然心动的体验，而被称为"全球二十家最美书店之一"。随着经济发展进入满足个性化需求的阶段，为了更好地为顾客提供服务，增田宗昭认为，管理者需要将员工从垂直组织的桎梏中解放出来，让公司中不再有上司和下属之分，大家都是伙伴，注视同一个方向，在信任和共鸣中，共同为视线尽头的顾客服务。

阿里巴巴致力于打造生态系统，赋能他人。在马云赋能哲学的引领下,"赋能"战略在阿里巴巴各个角落播下花种:大数据赋能网商、阿里巴巴赋能全球企业、阿里影业打造新基础设施赋能电影产业、新零售赋能古老行业、人工智能赋能传统行业……而湖畔大学想要"打造三百年的企业",也只有赋能他人,创造价值,帮助别人成长,才有可能做到。一切如马云所说:"协助他们去销售、去服务,确保他们能够比我们更有力量,确保我们的伙伴、10万个品牌和中小企业们能够因为我们的科技和创新,而拥有与微软、IBM竞争的力量。"

  腾讯的格局观是"连接一切,赋能于人"。马化腾说:"重要的不是我能做什么,而是我能帮你做什么。"京东则发布了"零售赋能"战略,具体包括流量赋能、效率赋能、用户运营赋能,他们希望通过平台优势和技术,解决"最后三公里"的问题。任正非也开始用这个词将权力让渡于人,"我们要对各级优秀干部循环赋能""一切为了前线、一切为了业务服务、一切为了胜利",只要能呼唤炮火,只要适合攻击"上甘岭",英雄不问出处,即使不是英雄,只要"力出一孔、利出一孔,就可引导密集炮火攻击前进"。

  李彦宏在首届世界智能大会上点评,之前百度的使命是开放、连接,但是现在仅仅连接已经不够,"还要通过用户画像、通过人工智能的技术,找到人和人之间相同的兴趣"。互联网的意义在于提高了人与人的沟通效率,人工智能将从根本上解决人与万物交流的问题。在人工智能时代,如何确保你能成为未来的一部分?百度的策略是赋能伙伴,唤醒万物。

谷歌创始人谢尔盖和拉里的"赋能"很简单:尽可能多地聘请有才华的软件工程师,并给他们充分授权,为他们提供自由发挥的空间,对他们来说,那种扼杀员工士气与灵感的商业计划书,就像往身体里移植一个与身体相排斥的器官。为了调动大家的积极性,他们从制度上设立了智囊团会议、事后讨论会以及点评日,鼓励大家说真话、直抒己见。他们重视个体的声音,认为旁观者参观时感到怅然若失的那部分,恰恰是他们的活力之源,旁观者捕捉到的那种称之为放荡不羁甚至异想天开的感觉,就是成功的法宝。

约翰·斯卡利用"乐团指挥"这个词来描述他在苹果计算机公司创造一种基于赋能的企业文化,这与我们所讲的控制在于个人而非领导的观念相类似,他的观点是:乐团指挥的重要使命是激发创造性。乐团指挥必须巧妙地引发艺术家的创造灵感,有时他会给予指导,因为他知道创作是一个学习的过程，因此必须保证舞台和布置有助于发挥。传统的观念认为管理和创造性是矛盾的。管理机制要求统一、集中、确定，而创造性则需要扩大其对立面，即直觉、不确定性、自由和打破传统。苹果的"乐团指挥"致力于消除各种障碍，并保证应需提供资源，以及完成特定工程所需的各种支持。这样的管理体系让员工充分发挥创造力，并取得了令人瞩目的成就。

明尼苏达矿业制造公司（也就是3M公司）鼓励员工支配其15%的工作时间用于"不务正业"：无论是立项一个创新研究，还是启动某个跨部门合作。这种赋能投入的回报也相当可观：便利贴就是一款于貌似不经意的灵感碰撞中诞生的创新产品，而它却获得了风靡全球的佳绩，并为3M公司带来了每年超过1亿美元的收益。因此，给员工搭建一个创新的平台，为员工们的即时创想提供表达发挥的空间，给员工尝试、犯错的机会，帮助员工在"冒险"中建立自信、不断成长，也是一种赋能。

星巴克的"星巴克伙伴"概念成功搭建了一派独特的企业文化。赋能、创业家精神、高尚品质和至臻服务是星巴克定义企业价值的核心元素。公司建立了一套严谨完善的培训体系，用以帮助"星巴克伙伴"们向客户推广咖啡文化，包括普及咖啡知识、增进客人对咖啡生产地的认知等；针对上了年纪"领养孩子"和陪伴孩子的诉求，星巴克特别辟出了每年两周的额外带薪假期，以帮助他们获得与子女相伴的幸福时光。而对较为年轻的员工，星巴克最近宣布将为他们报销两年的大学学费——CEO 舒尔茨对这一新推行的教育激励机制异常重视，他说，不希望"星巴克伙伴"因学历门槛而落后于这个经济高速发展的时代，星巴克希望这项措施能够帮助他们重建"美国梦"。

4. 赋能的策略与雷区

策略一，共享。共享意识是赋能的基础，赋能要获得成功的关键就在共享意识。在我们的组织架构表中，居于任一个层级的人现在都能看到以前只有高级领导者才能看到的东西。赋能领导者应该向下属提供信息，让下属了解背景信息并且互相沟通后，能够主动做出决策。赋能绝不是简单的"放松控制"，我们还要建立各类机制，说清楚员工和企业之间的责权利关系，如何共同创造、共同治理、共同分享。做好信息共享，可以让团队中的每个人都有成为领导者的可能。同时，要警惕用"意义学"上的宏大情怀来否定企业经营的本质，以员工为目的，本质上是为了实现员工和企业的双赢，而不是员工的单赢。

策略二，成长。传统的领导者把大部分精力用在组织的绩效增长上，而赋能领导者把更多的精力放在精英员工的成长上。赋能领导者把团队状态和组织能力当成常抓不懈的大事，切实关注每一个员工在工作中的持续成长，让他们在做好当前工作的同时得到充分的锻炼。稻盛和夫主张把工作当成修行的道场，唯有在工作中持续修行，才能保证自身能力成长的速度大于环境变化的速度。同样，赋能领导者更要关注自身的持续成长，而且领导者自身的成长速度要大于团队的平均成长速度，才有资格持续领导精英团队。

策略三，授权。领导者都希望对自己的业务和团队有掌控感，问题是领导者的掌控感多一些，员工的自由度就少一些；领导者的控制多一分，员工的抵抗也会多一分。授权意味着给员工充分的决策权和施展空间，让员工在工作中能找到创业的感觉。正如里德·霍夫曼（Reid Hoffman）在他的《联盟》（*The Alliance*）一书中所讲的："雇主与员工之间从商业交易转变为互惠关系，新型的工作模式是公司和个人相互投资的联盟创业模式。"只有在这种模式下，才能最大限度地激发精英员工的才智和潜能，才能让他们收获最大的工作乐趣和成就感。《赋能》一书的作者麦克里斯特尔的做法是"双眼盯紧、双手放开",即盯紧各种流程,同时放手让下属行动。强调放开,就是说不一定要去控制我们的视线所及之物。

策略四,成就。传统领导者最大的成就感源自组织绩效,但通常领导者成就感越大,员工的成就感越小,因为表面上看,一切组织绩效都是领导有方的结果。而赋能式领导者最大的成就感来源于员工的成就感,诺埃尔·蒂奇说:"成功的领导者会教导他人成为领导者。"领导者的成就感不仅源自组织绩效,更源自支持、辅导下属取得成功。领导要聚集各类资源,让员工充分接触用户、充分接触各类资源。帮助每个员工寻找隐藏在工作中的成就感是赋能式领导者的重要责任,因为艰难经历和巨大挑战的背面就是成长机会和成就感。

策略五,平衡。赋能要不断"去中心化",直到找到最佳平衡点。领导层对现场的了解程度有时候不如一线人员。因此领导者不应该像英雄,而应该像园丁。英雄身先士卒,有着超出常人的决断力,但在现代社会,英雄越来越少,团队越来越重要。与英雄不同,园丁式的领导者负责缔造组织环境、维系组织氛围,这是现代领导者的两大任务和关键职责。

当然，量子型领导的"赋能无为"需要关照具体情境和界定范围，"赋能无为"的"雷区"有以下几个方面。

KPI 并非越细越好。张勇曾在"创变者论坛"演讲中提到了海底捞在 KPI 上走的弯路。海底捞曾经尝试把 KPI 细化为一条条绩效考核标准：杯子里的水不能低于多少、客人戴眼镜一定要给眼镜布，等等。但强加式的服务尽管周到，却让顾客觉得自己的空间受到了侵蚀，反而不满意了。因此，KPI 的设置还是应该依现实情况而定。

让员工保持快乐未必能带来更高的生产力。管理者往往不遗余力地推行一些举措，让员工保持快乐的心情。比如，设立娱乐室或者让员工参加旅游、聚餐、团建活动等。有的管理者一厢情愿地认为，工作间歇中员工的愉悦感，很容易转化为一种工作动力。然而这些举措如果放在没有自制力的员工身上，很可能造成工作效率的降低。

不能一味赋能，忽略冲突。很少有人喜欢冲突，在职场上尤其如此。当管理者赋予员工更多的权力时，工作中难免会产生冲突。而有时，老板和员工会怀有"就这样算了吧""睁一只眼闭一只眼吧"的心态，大家都缺乏解决问题的态度。虽然当时将问题简单地一带而过了，但是长期下来，问题的积累将会给企业带来不利影响。

不能让员工完全自己管理自己。完全的自我管理是"伪授权赋能"。事实是有经验的员工给予的引导、指导、支持越多，新员工就干得越好。为什么管理者经常后悔自己过于放任？因为他们已经被"伪授权赋能"的理念附体。有意思的是，因为具有某种欺骗性，很多被认为是管理过细导致的问题其实是管理乏力所致。员工不知道自己自由决策的边界，那是因为管理者没有预先告诉他。必须有人极其仔细地告诉员工哪些是他的职权，哪些不是。必须有人一遍又一遍地告诉员工什么是能做的，什么是不能做的。

公平之道不在于无差别地对待每个人。不少人都持有一个观点——每个人都有着与生俱来的价值，因此我们应该无差别地对待每个人。这种错误的公平观导致大多数管理者不愿意奖励员工切实付出的额外努力。许多管理者会对员工说："我真的很感谢你的额外努力与付出，但我不能特别为你做些什么。如果我那么做了，那么我就必须为其他所有人那么做。"结果是，低绩效和高绩效员工拿的报酬几乎一样多。报酬这一本来就有限的资源在这种大锅饭中被进一步稀释。高绩效员工的挫折感不断增强。结果，管理者没能给予高绩效员工应得的额外奖励，高绩效员工失去了继续勤奋工作的动力，管理者也失去了激励员工最重要的工具。什么是真正的公平？基于他们应得的，也就是基于他们的绩效，为一部分人多做一些，为其他人少做一些。这才是真正的公平。

七、重建秩序，着眼全局

重建框架需要跳出某个情境、建议、策略或问题，着眼于全局。对问题（或机遇）进行框架转换最关键的阻碍可能源于领导者自身的思维方式，因为大多数领导者总是存在思维定式。领导者首先要意识到这个事实，然后去打破或消除思维定式。能够重建框架的领导者更加富有远见，能够对未来进行推测甚至影响，因而更加乐于接受各种可能性。在精神层面，重建框架可被视作为世界或自身带来新事物的能力。从这个意义上讲，领导者对自己的假设进行框架重建就好像是在经历启蒙甚至重生。平衡不是生命系统的终极目标，因为生命系统是开放系统，它们要与环境共存，它们不追求平衡，恰恰相反，开放系统维持着一种非平衡状态。只有远离平衡，开放系统才能够变化和成长。事物的发展是在趋向平衡又打破平衡的过程中进行的，成长的趋势一开始是趋向平衡，成长一旦达到平衡状态就终止了，要继续成长就必须打破平衡。

领导者要随时、到位地分析组织的外部环境影响。外部环境影响包含新技术、新产品和新商业模式的影响。柯达在1975年发明了第一台数字相机，但却没有重视和远见，抱着当时的"现金牛"产品，最终与胶卷一同消失在人们的视线中。最近几十年，新技术、新产品不断涌现。这需要企业家、组织的经营决策层对这些新技术、新产品的影响有着很好的判断力，敢于自我革命。

对行业内现有组织冲击最大的新技术、新产品、新商业模式往往都不会从行业内产生，而是跨界而来。对于这些新技术、新产品、新商业模式的破坏力，企业家、经营决策层要有充分的分析和判断。

第 5 章

量子组织:
无为才是大有为

原子式组织的特点是层级制，命令逐层下达、各部门之间完全独立，大家在各自的"深井"中工作，只接受上级的命令。这种组织构架纵向上看层级分明，横向上看职责清晰，但却无法面对复杂多变的环境，无法容纳自发自动的员工。组织的本质从来没有变，只不过在量子科学的视角下，我们越来越接近组织的真相。量子管理需要创造一种能整体性的、创造性的、敏感地回应变化的、有高度适应性的新兴组织，与环境能持续不断地进行创造性的共生对话，最后建设一个共生型的社会。量子理论下的组织具备如下几个特征。

1. 组织生命体的和合共生

组织生命体应该具备自主驱动、资源配置、智慧分析、持续改进、价值导向的相关特征,才能在不确定的外部环境中生存和进化。量子组织中各团队不再在各自的"深井"中单打独斗,组织内部的沟通与流通加强了,部门间建立起了强有力的关联,通过互信和目标的分享,融合成一个整体,各团队运转的流畅性扩展到了整个组织。

2. 测不准与叠加态

以测不准为例,当组织假设员工敬业度出现问题的时候,会采取相应的测量方式去界定和验证问题,而测量过程发生以后,员工的敬业度又会有所降低。所谓叠加态,以激励问题为例,员工感到企业的激励机制出了问题,可能不单单是薪酬体系出了问题,还有可能是评价体系、经营体系,甚至业务体系出了问题,企业表现出的问题是叠加的,所以要系统地、全面地、动态地思考问题,而非静态地、局部地思考问题。

3. 动态有序,聚变成长

不确定环境下,组织要实现动态有序和柔性发展。实现组织的动态有序,要求通过管理创新不断有建设性地打破秩序。用量子思维重构组织并不是说要把过去的直线职能制完全打破、完全抛弃结构化。结构产生效率，但要通过动态有序的结构变化改变过去固守结构导致的组织板结和固化。

4. 组织价值的相对论

量子组织的系统是复杂的、充满不确定性的、难以预测的，随时处于有序和混沌之间。这个系统同时也是自组织的、自下而上的、具有创造性的，是兼容并包的一个多元集合体。在这类组织中充满了无限的可能性，员工会不断追求实现自我价值和人生梦想。

5. 组织存续的意识流

在量子观念中，企业这样的有机系统不是割裂的静态的组织，而是以发展为目的的自我进化系统，是永不停歇的组织结构。因此愿景、使命和价值观要成为企业经营和存续的至高法则。

6. 组织进化的间断平衡和能量跃迁

作为生命体的组织的发展和壮大与进化过程类似，古尔德提出的"间断平衡"和量子世界观中的能量跃迁都指引着企业经过长期的积累,不断积蓄能量。对于企业的启发在于:既要不断积累能量和实力,同时在机遇出现的时候,一定要牢牢把握,最终实现企业的存续和发展。

7. 耗散结构——组织进化的驱动力

组织进化的驱动力来自多个方面,既有同外部的交互,也有内部自驱力量,所以企业的发展要依靠多个驱动力:环境驱动力、业务驱动力和组织驱动力。环境驱动力主要包括技术驱动力、客户驱动力和市场驱动力;业务驱动力主要包括价值驱动力;组织驱动力主要包括管理驱动力、人才驱动力、文化驱动力。

量子组织的变革包括以下几个方面。

一、打破科层制,扁平化

左哈尔认为,为适应新的时代特质,企业应打破牛顿式的组织框架,赋予员工自下而上的动力和空间,甚至让他们参与决策,鼓励他们充分释放自己的才能。这种思维下,企业是一个生态系统,变成了提供服务的平台,将财权、人权、事权下放;领导们变成了运营平台的服务者,制定规则、把控战略方向、打造组织能力,而不干预具体的微观运作;员工变成了创客,不再听命令执行,而是要自己找方法,从"等、靠、要"变成找机会、抓资源、做决策。

组织变革领袖汤姆·彼得斯说:"中层没有未来。理由很简单,在公司全球化运营的时代,传统科层架构会大大妨碍信息的流动,从而降低企业运营的效率。"因此,减少中层数量是未来组织转型的大趋势之一。

扁平化组织结构开始越来越受到一些企业的青睐。从行业来看,目前重视扁平化组织结构的主要是科技企业和互联网公司。此外,扁平化管理也越来越受一些致力于转型的传统企业的欢迎。扁平化管理可以让企业更灵活、效率更高,能够简化管理流程并根据市场变化快速做出决策。

小米最基本的组织结构只有三级:核心创始人、部门领导者、员工。除了核心创始人有具体职位,其他所有人都是工程师,没有职位。在核心创始人组成的顶层,雷军自己的第一定位是首席产品经理,他80%的时间用来参加各种产品会,并与相关业务的一线产品经理、工程师共同决定小米产品的各种细节。小米有产品、营销、硬件和电商四层业务,每一层业务都由一名创始人坐镇,每一名创始人都致力于自己所负责业务的快速发展，各自互不干涉。在部门领导者这一层，每个领导者都是项目负责人，除了带领团队负责自身团队日常事务之外，也负责与其他团队或部门的协调沟通。这些团队都不会太大，体量稍大就会被再次拆分成小团队，小团队一般而言会控制在 10 人以内。最后是员工层，小米在成立之初就推行全员持股、投资的计划。薪酬的组成除了工资，还有期权，并且每年小米还有一些内部回购。另外，涨薪是小米员工晋升的唯一奖励。由此可知，小米采用的主要是"宽带型薪酬结构 + 期权激励"的设计。宽带型薪酬体系缩小了原来数量较多的工资级别，在同一个薪酬宽带中，薪酬能够进行横向的浮动，能力、责任和绩效等因素都会影响薪酬水平，所以"低岗高薪"也很正常。这种薪酬结构配合一定的期权激励比较符合组织结构扁平化管理的需要，有利于调动员工的积极性。

红领集团也从传统的等级制组织管理转向了扁平化组织管理模式。2003 年，红领开始探索对传统服装制造的转型升级，颠覆了传统的大规模生产模式，逐步打造了个性化、定制化的生产平台，从过去的"做了再卖"变为"卖了再做"，从"大规模制造"到"大规模定制"。传统的科层制管理模式自然无法适应新的商业模式和生产模式，因此红领也完全颠覆了自己的组织管理模式。红领的组织变革主要基于其创始人张代理提出的源点论。"源点论"就是一切从消费者需求出发，按张代理的看法，消费者需求就是源点，企业所有的动作都应该围绕消费者需求进行。而为了做到这点，企业的组织架构与管理需要与之匹配。红领的组织变革是以节点管理为核心的组织再造，张代理认为最合理的方式是所有事情都靠流程、靠体系、靠系统，人在其中只起辅助作用。基于源点论的组织变革，核心就是"四去两组"，即去领导化、去部门、去科层、去审批，成为强组织和自组织的平台化组织，最终形成"全员对应目标，目标对应全员、高效协同"的管理模式。为此，红领专门设立了流程管控中心，不断形成新流程，同时优化固有流程，即保证流程的修正和迭代。流程上的节点由一个个的员工组成，客户需求直接对接各节点员工，员工通过系统去解决各种问题，不需要审批。大量的中间管理层被取消，管理者也不再承担组织生产、分配资源这类的传统职能，而是更多地承担服务和支持责任。员工驱动也由过去内部的KPI考核制变成外部驱动，因为节点上的员工直接对接客户需求。红领在内部以客服中心为组织管理的中心，即让客服成为实权部门，所有的客户需求统一汇集到客服中心，由客服中心点对点地进行指令的传达，使整个公司协同管理满足外部客户的需求。

二、自组织，无为而治

德国哲学家康德认为自组织是指一个系统内部各个部分通过相互作用而存在、成长，又通过相互作用而连接成为整体的现象。协同学的创始人哈肯给自组织下过一个经典的定义：如果系统在获得空间的、时间的或功能的结构过程中没有外界的特定干扰，则系统是自组织的。钱学森认为系统自己走向有序结构的过程可称为系统自组织。自组织现象的形成需要满足一定的条件，包括开放性、远离平衡态、非线性、突变、涨落和正反馈等。

自组织现象广泛地发生在物理学、化学和生物学远离热平衡的开放系统中，在其他领域，诸如经济学、社会学，自组织过程也普遍存在。科学管理理论下的企业管理模型强调稳定、有序、平衡，组织与管理的因果关系简单、明晰。科学管理的目的是通过建立有效的流程，努力把企业建设成一台完全可控的机器。然而，我们应该意识到，这些因果关系明确、线性的流程，一方面使企业按既有方向高效地运转，另一方面却也阻碍了企业自组织的形成，使更优的系统功能无法涌现，成为企业无法灵活创新的根本原因。

一个封闭、有边界的系统一定会产生熵增，并且熵增是不可逆的。抵御传统企业组织熵增的首要任务就是使组织从封闭到开放。当企业充分地开放，充分地与外界进行能量交换，就能使企业充满生机和活力，使企业稳健发展。

相对于他组织，自组织的优势是显而易见的。乌杰教授在《系统哲学之数学原理》中提出：一种社会系统或是生态系统的自组织化程度越高，就越先进，越具有可持续发展的能力，进化也就越快。

通过对谷歌的创意开发小组、海尔的员工创客、华为的战斗小组、百度的小团队制、韩都衣舍的产品小组等比较公认的自组织团队的研究，可以发现它们具备了如下共同特点：第一，去中心化，自组织就控制方式而言，不是集中控制的，而是分布式控制的；第二，具备自我修复能力，能自行变革；第三，管理层的定位变得不一样了；第四，自组织具有整体大于部分之和的效益；第五，自组织演变的轨迹通常是非线性和突变式的。

几种常见的自组织形态有：（1）平台上的自组织。平台是社交网络的基础，在平台上因主题、功能而聚集的大量的发生横向联系的人群会自发地根据任务合作，因任务完成而解散。社交网络中没有绝对的中心，任务可由任何人发起，任务小组中可能都有大家推举的协调人，但其并无激励、约束的手段，因此除了一定的影响力之外，权力的成色不足。例如网络上喜欢翻译的朋友针对某一本书形成翻译小组、某个领域的专业人士因某个知识服务项目形成研究小组，等等。（2）特定情境下的自组织。这里的特定情境往往是指突发事件。在突发事件面前，相关当事人自发组织起来应对，等事件过去、情境消失，这些组织不复存在。自发组织起来的小组、团队中，有自然形成的领导人，但他们并无正式的权力来源，而是凭个人魅力影响周围。突发事件涉及空间范围越大，影响时间越长，这样的自发小组数量越多。（3）分布式结构下的单元团队自组织。分布式结构下，每个具有独立责任、权力、利益边界的小组或团队如果可以自由对接和组合，整个组织就有了自组织的属性。

自组织的连接机制往往是共识、价值观、兴趣爱好、文化传统等心理因素；特定情境下的自发组织（如救灾志愿团队）往往靠使命、责任相互连接；分布式结构下单元团队的重组、重构主要依赖的是彼此共同的目标追求、相互欣赏和信任。公开、透明、共享的信息是组织连接的前提、基础和必要条件，也可以将其视作自组织连接机制的组成构件。

三、组织交互，信息共享

量子管理要求建立关联，在不同的部门、科室之间建立关联，弱化甚至取消部分层级，让公司成为一个生命体，每一个部位都无法割裂、不可或缺。

量子组织认为组织内部信息的"空隙"以及信息的不对称是无效组织的根源。海量的信息不断流入组织，导致数据量越来越大，在各因素高度关联的环境中，要想平稳运作，每支小团队都要全面了解各部分是如何互动的。要加强内部各团队间的横向联系，使其理解整体系统，培育和构建组织的共享意识和共享机制。

MECE 的全称是 Mutually Exclusive and Collectively Exhaustive，即"相互独立，完全穷尽"。这是传统管理常见的思维方式，传统的军事指挥架构、公司运转架构基本上都是 MECE 式的。如此一来，战斗小组不知道情报部门的内部情报，销售部门不了解产品部门的理念设计，整个团队无法形成凝聚力和战斗力，"深井"就此形成。如何打造小团队，突破 MECE 式的困局？美军海豹突击队有着自己独特的解决方案。海购突击队不培养"超级战士"，也不欢迎想做"超级英雄"的士兵。在这里，团队精神更加重要，团队成功高于个人表现，他们旨在打造团队的共同目标。与此同时，海豹突击队规定每个队员都要有自己的亲密伙伴，队员之间要一起生活、一起训练、一起战斗，这样做的目的不仅是为了培养团队精神，更是在打造一种互信的氛围。

如何把海豹突击队这样的小团队向外扩张，打造由灵活小团队组成的大团队，是更多组织需要解决的课题。传统的"深进"式组织架构中的小团队各自为政，互不关联，要提升团队的灵活性，一种改良版的团队架构是"灵活的深井"。下层为团队结构，但上层仍然保持着指挥控制式结构。最终的目标是打造一支高度灵活的团队，它由灵活的小团队构建而成。

美国陆军特种部队互信关系的建立是通过联络官计划实现的。派遣联络官的目标有两个，一是更好地从兄弟单位的视角来看待战争的面貌,从而使自己对整个战争的看法更全面、理性。二是希望能够为兄弟单位的行动提供帮助,这样就能在整张网络的各个节点之间建立起相互信任的关系。派遣的联络官要符合两个条件,第一,这个人在自己的团队中有影响、有地位;第二,这个人在自己团队领导的头脑中有较深的印象。不但要挑选正确的人选,还要给予他们适当的支持。这些联络官凭借自己的人格力量和天赋能完成很多任务。派出人员的素质越高,说明对对方越重视、越热情。对整体系统的理解和牢固充分的互信,是培养共享意识的两块基石。

合格的共享团队应该尽量打破团队间、个人间的物理阻隔,让团队成员能够更顺畅地互相沟通、达成共享。与物理开放相对应的是沟通与共享的组织文化。信息共享与传统的官僚主义、资历主义格格不入,必须让团队成员放松心态、平等共处,激发团队的活力和创造力。还有一点需要注意的是,信息共享并不是要人人都成为"多面手"或是打乱团队分工。在非深井的团队中,成员仍然保有自己的专业性,反而更容易发挥自己的专长。利用好组织内部的共享和互信,可以让团队成员都从团队的利益出发,思考如何让团队利益最大化,而不是自身利益最大化。

四、平台化+小微自主体,聚合效应

量子思维强调协同产生价值、沟通产生价值、链接产生价值。它强调激活释放个体价值,将个体蕴于关联之中,通过组织内部的交互创造聚合效应。

平台型组织指的是依靠发达的信息流、物流、资金流等,通过组建强大的中心/平台/后台机构,以契约关系为纽带,链接各附属次级组织的组织形态。其优点在于可降低管理成本、最大限度地整合相关资源、充分授权、高效决策、快速应对外部环境等。平台型组织是坚持以客户需求为导向,以数字智慧运营平台和业务赋能中台为支撑的"多中心+分布式"的结构形式,在开放协同共享的战略思维下,广泛整合内外部资源,通过网络效应,实现规模经济和生态价值的一种组织形式。平台型组织以"后台+中台+前端+生态"为固有组织范式,通畅组织内部流程,架构组织外部生态,为客户提供个性化、多样化、一体化解决方案。当然,不同行业、不同规模的组织,在平台型组织实践中各有差异。但凡是具备"客户导向、开放协同、网络效应、规模经济、数字孪生、交互赋能、自我驱动、

'多中心+分布式'"特征的组织模式,我们都认定为平台型组织。

平台型组织的价值主要有以下几点。(1)高信息瞬连,低交易成本。数字时代,信息可以"瞬连"到任何个体与组织。交易过程发生在虚拟空间,付出较少的搜寻时间成本即可完成交易。数字时代消费与生产的时间无限制性与空间无约束性,让组织价值的实现可通过虚拟与实体空间的互联互通完成。通过数据和算法,组织可以分析各类用户和各类业务活动,并快速匹配有价值的单元和关联,降低内部交易成本。(2)广网络效应,短价值链条。富生态价值体系的建立,让众多价值单元从横向价值链协同变成多维价值生态协同,各类要素围绕最终用户提供价值。平台让价值链缩短,让组织与各种参与者直接对接,商业模式因此变得灵活,企业与外界的连接更广、更实时、更顺畅,成本更低。(3)多跨界协同,大规模经济。开放的组织理念和资源平台的建立,让企业能够实现跨界协同,同时形成规模效应,可吸附更多参与主体,打造广阔的价值生态圈。在平台组织内部,可通过数据和技术的支持,提炼业务场景的共性需求,打造为组件化的资源包,以接口形式提供给前端使用。这种内部资源集约化的管理模式,有利于产品的快速试错、更新迭代，有利于快速复制能力，拓展新业务领域，最大限度地减少资源浪费，并产生资源聚集的规模效应。（4）强业务聚合，极敏捷高效。组织规模化之后，强调分权、各业务独立发展的组织模式不可避免地会带来各业务板块沟通协调的困难，造成过高的管理成本，从而产生"大企业病"，这就需要在公司内部构筑平台，让各业务部门保持相对的独立和分权，同时用一个强大的中台来对这些部门进行总体协调和支持，以平衡集权和分权的利弊，同时比较灵活地为新业务、新部门留下接口。聚合业务、资源和能力的中台可以快速匹配前端多业务场景，能够以敏捷高效的市场前端组织单元响应多样化的客户需求。如阿里巴巴整合了会员、交易、营销和结算等功能，这些基础的服务会被所有业务单元使用，从而提升了整个组织的管理效率。（5）齐共创共享，活组织人才。外部平台能够让价值生态中的服务内容和产品更加多样化，同时给予更多的创新创业的机会，边缘化的创新一旦形成规模化优势，平台可以通过资本纽带，形成"泛契约组织生态圈"，从而吸引更多参与方，齐创共享。内部平台让员工的创意实现和商业化成本更低，员工可以自发搭建灵活的市场前端来寻找业务优化的机会，甚至独立成为自主经营体,发育为经营性的前端。同时,分工协同的组织运行体系对员工的系统性和全局性观念有着非常重要的锻炼价值。组织由此成为一个综合型人才的培养基地,让员工实现成长。

平台型组织的内部层级很少,总部负责管理平台、制定规则、分配资源、协调解决争端,各小组、公司虽设有领导者,但他们主要靠个人影响力,而非职位权力领导团队。领导者时常会被"抛弃"和"更替",除非他们能带领团队"找到食物"和"打胜仗"。这类组织整合了供应链,供应链平台向组织内公司、小组开放。小米、韩都衣舍都鼓励组织内部成员自主创业,从小组做起,每个小组有采购、销售、服务等人员,有些还配有财务,一般3~10人左右,自行决定做什么、从哪些企业采购、放在哪里卖,完全参与市场竞争,自负盈亏,优胜劣汰,鼓励重组。小组做大后就是公司,公司做大后就是品牌。雷军、赵迎光其实就是天使投资人。小米、韩都衣舍在整合供应链的同时,还整合了销售平台,组织内部所有小组、公司、品牌都可以将产品直接放在平台上销售。

信息化、数字化是传统制造型组织在向平台型组织转变的过程中关键的因素。所有自负盈亏的组织内部机构、小组、公司的成本、利润情况都要及时记录、计算、反馈，所有的信息处理也都要迅速、透明、公开，加之大型组织原本的技术、生产、管理就很复杂，这就对信息系统提出了很高的要求，而目前广泛采用的 ERP 是按机械式组织流程而设计的管理软件，不适合平台型的管理。所以，要针对新结构量身定制管理软件。

互联网行业、轻资产的组织适合采用平台型结构，以阿里巴巴为例，通过技术、数据和人才资源的共享和赋能，阿里巴巴以淘宝网、天猫和聚划算为主，构建了基于电商的网络平台，随后以卖家和买家的支付需求为核心，构建了以支付宝、蚂蚁金服为主的金融平台，形成了电子商务、云计算、金融支付、数字娱乐、社交网络、物流设施、外卖商超等一体化的价值生态，满足了消费者"三公里的幸福生活"的价值诉求。随着规模不断壮大，业务部门内提供基础支持的工作可能会在很大程度上产生重叠，导致资源被浪费。2003 年，阿里巴巴成立了淘宝事业部。2008 年，从淘宝团队中抽调出一拨人，成立了天猫部门，后来发展为与淘宝并驾齐驱的两大电商事业部。此时淘宝的技术团队同时支持淘宝和天猫的业务，出现了一些功能重叠的问题。2009 年，共享事业部应运而生，主要成员来自之前的淘宝技术团队,在组织架构上单独成为一个与淘宝、天猫同级别的事业部,对两套电商的业务做了梳理和沉淀,把两个平台中公共的、通用的业务工程沉淀到共享事业部。但是,在资源有限的情况下,共享事业部很难及时、周到地满足业务部门的需求。2010年,聚划算上线,各大电商运营人员争相占领聚划算平台上的有利资源,如洪流般的业务对接需求让当时成立不久的聚划算团队应接不暇。于是,集团要求各大电商平台必须通过共享事业部,才可与聚划算平台进行业务对接。此举奠定了阿里巴巴集团业务的核心,形成了"厚平台、薄应用"的架构形态。目前阿里巴巴集团前端超过25个业务单元均不是独立地构建在阿里云平台之上,在后端阿里云技术平台和前端业务之间,共享事业部将阿里巴巴集团前端业务中公共、通用的业务沉淀下来,为各种前端业务提供最为专业、稳定的服务。现在,阿里巴巴内部每个业务部门都有了公司层面的支持,信息能共享,资源更集约,每个业务团队都能享受到技术、数据、产品等方面的高水平的服务。2016年底,阿里巴巴集团对外宣布全面启动阿里巴巴中台战略,构建符合DT时代的更具创新性、灵活性的"大中台、小前台"组织机制和业务机制,作为前台的一线业务会更敏捷、更能快速适应瞬息万变的市场,而中台将集合整个集团的运营数据能力、产品技术能力,对各前台业务形成强力支撑。

韩都衣舍是最早在互联网企业里进行数字化转型的,整个组织从过去的金字塔式直线职能制组织结构,转换为以客户为中心的自主经营体。韩都衣舍在企业内部划分小组,每个小组独立面对客户、面对市场设计产品,自行确立消费任务和销售目标。集团变成12个平台,为各个小组提供服务。平台跟小组之间是一种市场化的交易关系,既可以做实体交易,也可以做模拟交易。在数据驱动、平台化管理模式下,韩都衣舍做到责任下沉、权力下放。基于产品小组的单品全程运营体系(IOSSP)在最小的业务单元上实现了"责、权、利"的相对统一,对设计、生产、销售、库存等环节进行全程数据化跟踪,实现了针对每一款商品的精细化运营。其要点有以下几个方面。(1)小组制。韩都衣舍借鉴阿米巴模式设立了300多个小组,各小组均独立负责某一个品牌或品种的经营。小组里的核心角色有4个:一是运营专员,负责小组商品的价值流运营,通常也担任组长("小老板");二是选款专员(买手),负责款式的开发和搜寻;三是订单专员,负责订单流程运行和与生产部门对接;四是页面制作专员,负责商品的拍摄以及页面的制作维护。这些经营小组在公司统一制定品牌策略（调性）、产品规划、最低定价标准等方面有较大的自主权，可以确定具体款式、生产数量、产品价格以及促销计划。企业公共服务平台上的"自主经营体"培养了大批具有经营思维的产品开发人员和运营人员。(2) 多品牌运营的关键点分析。韩都衣舍的产品小组制的特殊结构，使得自下而上的"做多品牌"的愿望强烈而持续。在公司层面，有专门的部门负责对新品牌的扶持，相关的政策也越来越完善。(3) 柔性供应链系统。韩都衣舍的柔性供应链，使营销企划、产品企划和生产企划之间相互配合，解决了互联网品牌"款式更多，更新更快，性价比更高"的要求与生产供应链的"流水线计划生产"之间的矛盾，在保证产品品质和生产成本可控的前提下，实现了"多款多批次小批量生产"。(4) 依托平台数据的支持，所有产品小组都是自驱动组织。一方面，小组成员根据大数据预测消费者喜爱的爆款产品；另一方面，小组成员可自发组织且根据任务兼任不同的角色，并根据最终产品的销售业绩分享利润。这些特点充分体现了小组制模式下角色投入多、任务价值高的双重特性。因此，这是一种典型的"平台+分布式"的组织形式。

小米公司8年时间成长为全球500强，与其利用平台型组织的思路所构建的产业生态体系不无关联。小米以客户和技术为基础，通过搭建开放式生态平台，构建了自己的产业生态。除手机、电视等由小米负责，其他产品由小米投资，提供供应链、智能互联系统和品牌，而生产、制造甚至设计都交由合作公司负责。小米以较低的成本迅速扩展智能生态链，也让消费者能以较低的价格享受相对优质的智能硬件。截至2018年6月，小米成为全球最大的消费级IOT平台，使用小米IOT设备的家庭超过2000万个，连接智能硬件1.15亿台，实际使用小米设备三台以上的用户超过500万人。小米的管理要义可以总结为以下几个方面。（1）产业协同：构建产业生态的平台。参与小米生态的有几百家企业，小米对生态链上的企业控股不超过20%，在产权上这个企业可以不为我所有，但是必须在我的平台上运行。（2）市场协同：围绕消费者需求拓展生态。小米已成为全球最大的消费级物联网平台，手机等终端只作为链接客户与生态的入口，打造了围绕客户的需求提供全方位产品解决方案的体系。只要消费者有需求，整个生态就提供解决方案。（3）数据协同：数据驱动生态发展。小米内部，消费者数据和反馈都是协同共享的，通过消费者数据提高算力，通过算力为消费者提供解决方案，然后整合生态体系，为消费者提供各种产品服务。（4）人才协同："米粉"构筑人才生态圈。小米把"米粉"融入产品设计、研发过程，有时候一款产品的研发可以发动数百万网友一齐参与，研发完成后当场可以下单，实现了先消费再生产。开放协同是平台型组织的本质特征之一，平台型组织更强调合作组织之间的相互吸引与相互补充，最终做到在竞争中产生新的、创造性的合作伙伴。这种相互激发、高效互动，产生了更多的价值，实现了整体多利。

组织的规模、体系越大、越庞杂，变革就越要循序渐进。比较好的方法是将原来所有的成本中心变成利润中心，将所有可以固定的职能全部保留在总部的机械结构内，将变化的部分全部以"小组"或"公司"的形态融入市场。比如，生产部门根据"小组"或"公司"的订单，计算生产成本和向"小组"或"公司"出售的价格，确保自己的盈利。"小组"或"公司"则向生产部门"采购"产品。财务、物流等服务部门根据提供相应的服务向"小组"或"公司"收取服务费用。生产部门内部也可以根据流水线的安排等，组成不同的小组，向"小组"或"公司"提供竞争性的报价，来吸引更大的订单。变革的目的就是引入竞争,促进优胜劣汰。随着改革的深入,调整渐入佳境,组织可以考虑将更多的固定职能,融入"小组"或"公司",总部则保留制定规则、分配资源、协调竞争等职能。

以华为为例,2010年调整为多核架构,划分运营商BG、企业BG、终端BG和其他BG,研究和开发职能在组织层面分开,各BG下有产品线。开发资源的分散,让华为的研发团队和资源不能共享,产品重复开发的现象愈演愈烈,2014年,华为将区域重新确立为市场体系的主维度,运营商和企业BG研发组织重新回归产品和解决方案体系,BG只有市场职能,是专门的经营组织,由此,华为重新回归研发大平台(产品与解决方案、2012实验室)、市场大平台(BG和地区部)、职能大平台、供应链大平台(供应链、采购、制造)的平台组织策略,最终实现了市场的深度挖掘和技术的共享。

华为基于功能型大平台的组织体系搭建完成后,还需要配套相应的机制。华为首创了"贡献利润"的核算体系。在内部设置两大利润中心,对销售中心和产品线根据不同的责任中心确定不同的考核指标牵引重点,形成互锁机制。以产品线为例,华为通过基础奖金和贡献奖金的划分,让所有人知道奖金从哪里来,自己应该向哪里努力,建立起了一支自动自发的华为铁军。在产品线的毛利核算方面，突出销售收入扩张导向的同时，兼顾产品线对制造成本、期间成本、服务费用、研发费用、营销与行销费用、管理费用，以及产品线非正常损失的责任，以加强财务核算和内部管理，开源节流；同时对周边部门传递压力，从而对公司期间费用形成反向制约。为鼓励产品线加大战略投入，华为也对产品线进行奖金补偿，可以预借奖金，补偿产品线的战略性投入对当年奖金的影响。预借奖金的数额参考各产品线的平均奖金水平合理确定。产品线预借奖金隔一年一清，清完可再借。产品线基础奖金与贡献奖金在产品线内部的分配，由产品线自行决定。对于个别奖金过高的年份，可以采用奖金库的方式进行调节，以丰补歉。

张瑞敏在 2005 年就提出了"人单合一"模式，2014 年，张瑞敏做了一个十分大胆的决定——去掉海尔的 10000 多名中间层。此后，张瑞敏不断加速推进海尔的组织变革进程。按照张瑞敏的说法，变革后的海尔"消灭"了层级，变成了只有平台主、小微主和创客三类主体的组织，且这三类主体都围绕用户运行。平台主并非管理者，他们主要扮演的是服务者的角色，孵化、支持、帮助创业团队。小微主简单地说就是创业团队，可以理解为海尔集团下的小型创业公司。创客是由海尔原来的普通员工转变过来的，张瑞敏要求所有普通员工都应该成为创业者，即实现员工的创客化。这三者之间也不存在传统模式上的管理与被管理的关系，而是各自"创业范围不同的关系"。比如，小微主并不是由集团直接任命的，而是由创客选举产生，被选出的小微主做得不好，一样可以再通过选举让其"下台"。张瑞敏希望最终能够将海尔打造成一个可以颠覆传统模式的"共创共赢平台"。最终体现为"三化"，即企业平台化、员工创客化和用户个性化，以及"三自循环体系"，即自创业、自组织和自驱动，形成一种新的生产方式。"三自循环体系"的核心有两点，首先是放权，将决策、用人、分配"三权"赋予员工；其次是创新激励机制，张瑞敏称之为"创客所有制"，完全抛弃了传统的薪酬模式，新模式的薪源构成主要有两人块，一是用户付薪，与所创造的用户价值相对应，二是股份，即公司对创客的跟投，与创客自身价值相对应，跟投股份采取与业绩挂钩的动态形式。

综上，平台型组织变革的趋势有五个方面，让组织变得更轻、更简单：1）去中介化：核心是缩减中间层，降低组织决策重心，减少管理层级，打造扁平化、平台化、赋能性的组织。2）去边界化：拆企业的墙，真正实现跨界，形成生态交融体系。3）去戒律化：真正让员工主动承担责任。4）去指挥命令：进行赋能。5）去中心化：企业是多中心制，并且中心是动态变化的，根据外部的变化、客户价值创造的大小不断进行调整。

五、倒三角，组织零距离

过去，企业是按照金字塔式的正三角组织来搭建的。这种结构带来的问题是，最底层的员工接触用户，得到的信息要一级级汇报上去，领导做的决策也要一级级传递下去，这显然不能适应互联网时代快速反应的要求。所以我们把金字塔结构倒过来，变成倒金字塔，接触用户的员工在上面，领导在下面，领导从原来的指挥者变成了资源提供者。

海尔的倒三角经营体把八万多人变成了近2000个自主经营体，每个自主经营体都面对市场、面对用户，动态协同为用户创造价值。一级经营体由一线员工组成，彼此协同一致、与客户零距离，位于结构最上层。二级经营体就是原来的职能部门，被大幅度地压缩和精简，由管理部门变为服务部门，从指挥员工变成为一线员工提供资源支持。

三级经营体就是原来指挥企业的领导者，位于最底层，负责内部的组织协同，以及创造外部市场的新的机会。

海尔的倒三角组织结构旨在实现"两个零"的目标：员工内部协同的零距离，组织与外部用户的零距离。第一个零距离体现在一线员工要完成为用户创造价值的目标，原来的领导要支持他们，与他们零距离协同；第二个零距离则是内部员工协同起来共同创造用户资源，必须全流程与用户保持零距离。比如研发人员和营销人员都要面向用户，共同满足用户需求。

六、前端牵引，快速响应

传统科层制组织模式，组织运行是行政权力导向而非客户导向的，员工天天脑袋对着领导，屁股对着客户，企业内部官僚主义、形式主义盛行。随着企业规模扩大，组织决策重心过高，与客户距离越来越远。量子型组织首先明确客户导向，以满足客户需求、增加客户价值为企业经营出发点，反对官僚主义和形式主义，简化内部程序，促使组织扁平化。

20世纪初，美军进行了"目标导向、灵活应对、快速制胜"的组织模式改革,构建"军政"(养兵)、"军令"(用兵)两大流程,明确各流程的范围、定位、职责、边界、关联协同机制。根据战争规模和战场形势,配置一线集成作战多专多能团队——"班长"。"班长"拥有应对不同作战场景的平台和武器装备,可依据战场形势及时向后方呼唤炮火和资源,支撑其现场作战,自我决策,打赢战争。配套"小前台+大中台"的运营模式,美军做了以下四个方面的改革:(1)去中心,权力下放。将战略决策权集中,其余中心职能分散转移到各流程中,同时从中心集权转变为流程集权,让权力沿着流程不断分解与传递,最终由最小作战单元承载,让一线能够在作战时获得更大自主权。(2)分权制衡,"权分身"取代"权瘦身"。传统"权瘦身",采取分工与协作,在放权、分权时,只能沿着垂直链条往下不断分放,军队分工越细,基层权力越单一。权力放到基层时,不但不会增强协作效果,还会适得其反,导致基层无法实现集成。流程"权分身",权力沿着流程不断分放,每个环节都可以出现相同的权力,甚至权力之间相互选择,形成权力协同,当权力放到基层时,容易集成在一起。(3)团队集成,打造强敏捷前端。作战团队中各成员军事技能各不相同,完全依据军事目标组建,可使优势互补，把各兵种的优势有效集成在一起，把作战能力发挥到极致。(4) 目标牵引，打造"多专多能"型军事人才队伍。实现集成作战的前提是大量的"多专多能"型军事人才。美军建立联合职业军事教育体系，打造"多专多能"型军事人才培养系统。岗位轮换普遍，通过跨国别、跨部门、跨军种学习，让军人不断学习塑造联合作战的意识。

华为参考美军的做法，通过建立基于"铁三角"的虚拟项目管理团队，有效实现市场突破。"铁三角"核心组成成员是 AR（客户经理）、SR（产品/服务解决方案经理）、FR（交付管理和订单履行经理）。为了有效整合资源，公司内部为"铁三角"设置了项目赞助人，即联系于特定项目的公司高级领导，同时还有支撑性功能岗位成员，包括资金经理（信用经理）、应收专员、开票专员、税务经理、网规经理、法务专员、公共关系（PR）专员、研发经理、营销经理、物流专员、采购履行专员、合同/PO 专员、综合评审人等。同时"铁三角"组织模式还配套了三重保障措施：(1) 机制保障：以规则的确定来应对结果的不确定。构建面向客户、端到端的主价值链流程，并明确各流程使命、价值定位、权力框架、职责边界、目标和交付结果，以及流程间的关联关系和协同机制；同时设计例外弹出机制,面临紧急、临时性业务时也能高效处理,快速决策。(2)人才保障:打赢班长人才战。明确"班长"素质、能力要求,使其多专多能,在处理常规型、确定性的业务时,可以根据作战场景和规定动作快速应对和解决;而在处理突发型、不确定性的业务时,可以运用其权力、资源和支撑平台准确定位,实现自我决策。(3)平台保障:后台支撑前端。构建打赢"班长的战争"的作战平台,实现责任、权力、组织、资源、能力、流程和IT信息系统几个方面的系统整合、高度集成。作战指挥权充分授予一线,资源也供一线随时调用,并协助一线构建面向作战角色和场景的集成流程,支撑"班长"实现"任务式指挥"。

华为组织结构的特点之一就是充分调动资源、切实贯彻分权分责。华为把业务管理分成很多小"网眼"(权力中心),这些"网眼"就是华为的业务部门,在执行业务时,它们就是最高权力机构。任正非说:"各级主管就是网眼,网眼的作用就是考核、检查、监督、计划,使网能最大限度地张开,如果网不张开,我们是无法抓住鱼的,这就是直线领导系统,它解决了人对人的领导,这就是纲举目张。"部门谁对目标最了解,谁就能尽快成为解决问题的责任中心,由他来调动和利用一切资源。调动资源要用最简单、快捷的方式，这就是矩阵管理。

华为的矩阵结构，是一个不断适应战略和环境变化，从平衡到不平衡，再到新的平衡的动态演进过程。华为的矩阵由区域市场部、各产品线、产品行销部组成，区域市场部由各系统部的客户线、技术工程和市场财经部组成；各产品线是一条龙式的，由各产品的研发、市场、中试、生产、财经、技术服务等环节组成；产品行销部主要由各产品的技术专家、营销策划人员组成。它们相互之间的制约关系是不会轻易破坏掉的。但华为矩阵不是一个稳定的矩阵网，任正非认为，矩阵结构如不能随着外界环境的变化而变化，则是最无用的。而信息行业的特点就是瞬息万变、险象环生、技术更新日新月异，一旦出现机会就不能错过，在机会的牵引下，结构就会有所变化，但相互关联的要素本身没有变，只是结构有所变形，联系的数量与内容有所改变。这种矩阵结构从均衡到打破均衡再到恢复均衡，促使公司不断进步。

七、生态共生，突破边界

"共生"是一个生物学概念，至少包括六种关系。第一种共生关系是寄生，一种生物寄附于另一种生物身体内部或表面，利用被寄附的生物提供的养分生存。第二种共生关系是互利共生，共生的生物体成员彼此都得到了好处。第三种共生关系是竞争共生。第四种共生关系是偏利共生，对其中一方生物体有意义，对另一方没有任何意义。第五种共生关系是偏害共生，对其中一方生物体有害，对其他共生成员则没有影响。第六种共生关系是无关共生，就是无益无损。显然，符合我们期望的人和组织之间的共生关系应当是互利共生的关系。人与组织要实现互利共生，必须重新定义各自的价值。

生态共生型组织需具有以下几个特征：第一，企业平台上生长出了许多"生物"，它们是基于多元化业务的独立经营主体；"生物"的品种非常丰富，远远超过了一般企业的事业部架构，有了分布型架构的意味。第二，"生物"生长于一片共同的"土壤"（平台）上。平台不仅仅是品牌（如果仅仅依靠品牌连接各类业务及经营主体，那就是人们常见的品牌共享），更主要的是技术。只有技术才是连接各类"生物"的坚实纽带。第三，所有"生物"向着"阳光雨露"茁壮生长。这里的"阳光雨露"就是顾客需求和顾客流量。所有的经营主体都需寻找广阔的市场空间，挖掘强劲的真实需求。顾客,是企业生态系统一切能量的来源。第四,"土壤"(平台)为"生物"提供"养分"(资源支持、赋能服务),"生物"回馈给"土壤"各种"营养"(增强平台能力的各种信息、知识、经验和资源);"生物"之间相互关联,彼此增强;每类"生物"获取的"阳光"都会与其他"生物"共享。

生态共生型组织的核心就是开放边界、引领变化、彼此加持、互动成长、共创价值,然后找到彼此的核心价值,在一个组织系统中成长起来。共生型组织是一种基于顾客价值创造和跨领域价值网的高效合作组织形态,它使组织获得更高的效率。共生型组织有四个非常重要的特征:互为主体、整体多利、柔韧灵活、效率协同。共生型组织要求我们打破两个边界:员工边界和顾客边界,以此扩展行业空间。

国内企业中,腾讯、小米都具有生态共生型组织的特征。腾讯的"土壤"是微信,目前多种"树木"正在以微信为依托成长;这片"土壤"获取的"阳光雨露"(顾客流量)非常充足(且获取成本较低),"树木"的外部能量供给充分,未来有可能成长为茂盛的"森林"。阿里巴巴的"土壤"是电子商务平台,同样阳光灿烂、雨露丰沛,有些

"树"(支付)已经长成参天大树了。小米的"土壤"是操作系统等软件,使得各棵"树"之间有了物联网络。小米生态圈模式和腾讯、阿里巴巴等企业的不同之处在于,生态链上的各棵"树"能够自带阳光雨露,但连接的纽带和平台(操作系统等软件)还在发育过程之中。小米生态圈中的许多企业,在法律形式上是小米投资的子公司,是一些独立的法人主体。但是,小米赋能体系对它们有供应链和渠道链(主要是零售终端)的支持,这意味着小米在一定程度上介入了子公司的运营。小米和这些企业是一个资源共享的联盟。由此可见,生态型组织可以突破企业自身的边界。小米生态链中的某些企业,比起标准的子公司体制,对小米的依赖深一些;比起标准的事业部制,自主独立性又要大一些。可见,小米生态圈是介于子公司制和事业部制之间的一种创新型组织形态。

近年来,有些公司尝试内部创业,强调赋能平台上的多角成长。但是这种模式还不能算作生态化的,因为缺少坚固、稳定的"土壤"。它更接近于孵化器,当然也可以理解为生态模式的初级形态。

未来区块链时代有可能出现超越企业边界的社会化生态组织,在区块链技术平台上,每个组织单元(可能是机构，也可能是团队，更可能是个人）相互连接，共建一个价值发现、价值创造、价值交换、价值共享的体系。同时，每个组织单元的行为信息都在同一个"账本"（信息系统）上公开记录，任何组织单元都不得篡改、隐瞒和造假。每个组织单元凭借投入和劳动都能获得自身的权益，而且这种权益受到技术的保护。组织单元之间的交易采用智能化、自动化的机制，公正、透明、直接、高效。区块链技术最大的作用是解决了商业最本源的信用问题，这项技术成熟之后，必然有助于建立信用社会，走向共享的信用体系。

第 6 章

量子战略：
破茧重生之道

未来已来，一切不再确定！消费者需求变化加速且日益呈现个性化，颠覆式技术创新与商业模式创新层出不穷，市场瞬息万变，产业边界越来越模糊，企业的成长轨道无迹可寻，成长空间无边界可触，成长模式无标杆可追随。原子思维下的战略理论、方法与模型难以定义与设计未来，传统的战略思维在应对不确定性、规划创新型企业的未来、推动传统企业的转型升级时，会显得力不从心。我们需要用量子思维去看待不确定的世界，站在未来看未来，突破现有资源和能力，在变与不变、确定与不确定中共同探讨企业的未来及战略选择，建立全新的思维框架。

一、扩展时空，应对不确定性

量子战略将确定性的缺乏和清晰界线的缺失视为进行

试验和创新探索的机遇。他们会制定新的规则，发明新的博弈。未来的战略一定是讲究跨界融合、开放无界的，一定是依循利他思维和社会化思维的，企业的战略思维必须要打开宽度。而且不能仅仅站在企业角度思考战略，而应站在产业的角度思考战略，站在全球资源配置的角度思考战略。

要构建内在的核心能力优势与颠覆式创新生态优势，必须用量子战略思维指引企业未来的发展方向。基于同一核心技术或核心能力，可衍生出多种不同的可能性和不同的价值体系，以及与此相关的非常具体的产品和与此对应的非常具体的市场，我们的责任就是尽可能多地探索可能性，尽可能多地探索各种产品技术的应用方向及产品市场的共生轨道，并确定这些共生轨道的能级。因此，量子战略思维不是简单地做加减法，而是要基于核心价值与能力，采用发散思维，不事先给自己设定框框，不预先给自己确定毫无根据的明确目标和框定成长路径，跳出行业约束，在头脑风暴和集体智慧的碰撞中，不排除任何可能的方向。在实践中去探索可能性并修正、迭代和确定可能的路径，以敏锐的洞察力，在最有可能和最有希望的战略方向及项目上及时加大投入，并在合适的时点和位点实施关键的战略行为。

增长是组织存续的必然选择,而良性增长是组织可持续的终极保障。"世界上根本不存在成熟市场。我们只是需要成熟的高管去找到增长的途径。"联合信号首席执行官拉里·博西迪指出,"没有市场是完全饱和的。曾有长达25年的时间,汽车产业被认为已经饱和,但如今SUV已风靡至欧洲乃至亚洲了。家得宝(Home Depot)进入的建材市场也曾被认为已经饱和,但如今的家得宝已成为一家市值140亿美元的公司。电路城(Circuit City)进入的是被认为已经饱和的家电行业,但如今它却成了行业的领导者。"一旦领导者懂得如何摆脱行业与市场传统定义的束缚,那么,任何行业(无论这个行业的成熟度多高)、任何规模的任何企业都有机会实现增长。在成熟行业内增长的一个关键秘诀是:任何市场内都存在某些蕴藏着增长潜能的孤立区域或细分市场,只要你懂得如何发现它们。

顾客的需求总是在变化,新的需求也在持续浮现,而第一个识别出它们的企业将会取得成功。当郭士纳成为美国运通公司信用卡事业部负责人时,他的一些直接下属告诉他信用卡业务早已成熟,他的定价过高了。郭士纳通过市场细分,创造出企业卡、金卡以及白金卡,每一种卡都能满足现有产品无法满足的某个特殊需求,再配上他们在应用信息技术方面的优势,信用卡事业部在接下来的 12 年内实现了年均 19% 的收入增长。但是,并非所有增长都是良性的。不惜成本实现增长,或只为增长而增长都可能造成灾难。良性增长应具有可持续性、营利性以及较高的资本使用效率。着眼于长期的可持续增长,需要企业密切注意的各项基本因素有:成本结构、质量、产品研发周期、生产效率、持续改进以及其他所有与运营优势相关的因素。很多人认为增长就是一个不断承担风险的过程,这是错误的观点。诚然,增长会给决策者个人带来风险,提出新的构想也需要勇气。但是基于准确的顾客需求所制定的可持续增长战略所带来的风险,将远小于牺牲自身利益重新布局、被动应对竞争对手的增长所产生的风险。

20 世纪 80 年代,可口可乐在碳酸饮料领域的市场占有率已是世界第一,远高于百事可乐。但同时,可口可乐的增长速度却明显下滑。当时,可口可乐公司里的主要观点是加强攻势,进一步从百事可乐之类的对手那里夺走更多的份额。郭思达在接任 CEO 后不久,向他的经理们提出了一个简单的问题:全世界 44 亿人每天人均消费多少液体饮料?答案是 64 盎司。他的下一个问题是:可口可乐的每天人均消费量是多少？答案是不到 2 盎司。经理们突然意识到他们的竞争对手不是百事可乐，而是世界上所有的其他液体饮料。在重新定义边界之后，可口可乐把自己的定位从饮料生产商，扩大到了满足人类的一切饮用需求，可口可乐开始布设新的产品线。现在，可口可乐的产品涵盖了大多数饮品。这个简单的认知发挥了重要的作用，促使可口可乐公司从受到威胁的软饮料市场领导者转化为一个最伟大的市场价值创造者。

塔可钟公司第一次扩张发生在其自定义的保留地，即快速餐饮服务市场，与从销售比萨到销售汉堡的其他所有快餐连锁企业竞争。第二次大范围的扩张发生在塔可钟公司将自身重新定位成"满足人类进餐需求的企业"。这个定位迫使塔可钟公司重新检验自身的分销渠道，他们扩展了更多的客户接触点，例如机场的售货摊和杂货亭、购物中心、便利店、高中和大学的食堂。最终，塔可钟公司将其市场份额从 800 亿元扩张至 8000 亿美元，利润从 1984 年到 1993 年上涨近 300%。

众所周知，现在耐克公司的商业版图包含了运动鞋、服装、配件、零售商店……任何与健身相关的业务都能成为耐克的新市场。但在 1984 年，锐步公司抢占了耐克公司一半的市场份额，原因就在于市场细分。通过细分运动鞋市场，特别是为女性有氧运动设计专用鞋，锐步公司业绩快速上升。耐克公司借鉴了竞争对手的成功经验，转而定义细分市场，并在篮球鞋、网球鞋、交叉训练鞋、水上运动鞋类等细分市场中创造出大量的产品，不仅扳回了局面，更是将业务扩展到世界各地。不论是企业家，还是产值数十亿美元的企业的高层管理者，这些建立增长型企业的领导者从不担心市场份额，而是重新定义市场，延展一个更大的边界，实现市场份额增长。

二、深度洞察，使命驱动

在信息时代，企业的战略成长往往无迹可寻，无标杆可追随，企业的创新往往会进入"无人区"——无人领航，找不到标杆，不知竞争对手是谁。唯有战胜自我，超越竞争，凭借企业家和创新者对未来的洞察与信念，才能在迷雾之中找到方向。

当我们用量子思维去看待不确定的世界，站在未来看未来，在变与不变、确定与不确定中，共同探讨企业的未来及战略选择时，可以突破现有资源和能力，对未来的战略选择形成全新的思维框架。

在信息时代,创新往往是在"无人区"中的探索,这就需要更强烈的使命驱动,以及战略方向的坚定与自信。量子思维强调信念的力量,企业要坚定信念,培育正面思维,拥抱变化,用积极心态去面对困难,用简单极致的方法去解决矛盾,要勇于突破现有资源和能力局限性,大胆创新变革,去实现企业跃迁式的成长。

战略洞察与预见的核心是企业领导人对产业趋势的前瞻和感知。正如软银孙正义所说:当迷茫的时候,只管往远处看,就能看到洪流中的未来。战略就是对未来不确定性的选择,战略的选择往往是方向性的、探索性的,甚至是试错性的,而不是来自预先精确的计算与方案制定。在某种意义上,战略不是一种预先的计划和设计,战略的原点不是来自战略专家或战略职能部门,而是来自企业家对未来趋势与发展机会的洞察与感知,来自企业家的发心动念,是一种企业家精神,是一种面向未来的企业家信念、追求与意识流,是企业家对未来发展趋势、机会的先知先觉与共同认知。有了这种前瞻性的意识与信念,资金和人才才会往一个方向汇聚,一旦能量集聚到一定程度,就会找到商业模式成功的突破口。商业模式一旦成功,更多的资金和人才又会涌入，最终会形成涌流。当无数涌流开始连接、汇集、交互以后，就会形成波涛汹涌、不可阻挡的洪流与大势，一个全新的行业就形成了。而那些先知先觉、勇于创新者，便能创造企业成长的奇迹。用现在的互联网语言来说，他们敢于扑向并抓住了行业发展的"风口"。

三、动态选择，增长耐性

在不确定的时代，我们所面临的是黑白重叠、一片混沌的世界，"黑天鹅"事件频出，一切难以预料，未来难以精准预测和按固化的战略模型进行推演，只能用量子战略思维对未来进行探索，进行多种选择。要以概率性思维，在不断的实践探索中，在创新失败的坚守中提高成功率。因此，它需要的是战略耐性。

要积极探索多种可能性和开拓更多共生成长路径。任正非指出，我们对未来的实现形式可以有多种假设、多种技术方案，随着时间的推移，世界逐步倾向哪一种方案，我们再加大这方面的投入，逐步缩小其他方案的投入。且不必关闭其他方案，可以继续深入研究，失败的项目也能培养人才。

第 6 章 量子战略：破茧重生之道

依靠过去经验、坐在封闭的环境中用沙盘模型推演战略是极不靠谱的。靠谱的做法恰恰是基于内在价值的追求、高手之间的智慧碰撞，在实践探索中基于即时事件对未来的感知与先知先觉，它需要企业家和决策者贴近市场和客户去感知变化。春江水暖鸭先知，好的战略思维一定来自市场与客户，对未来的预见往往来自对不确定事件的感知。战略还需要回答企业如何实现成长、如何实现增长的问题。量子战略思维的核心是创新，企业要在持续不断的变革创新中实现增长。量子式创新主要有四个方向：一是以满足顾客需求为导向，通过产品技术创新拓展企业战略成长空间，寻求增长；二是通过商业模式创新（创新客户价值、重构客户价值）构建新的商业生态系统，以连接、交互更多的资源，集聚更多的能量，形成战略成长的新势能与发展平台，寻求新增长；三是通过行业资本与金融资本的融合创新，实体经济与虚拟经济上下交互，行业与行业之间、企业与企业之间、各相关利益体之间跨界合作，形成全新的商业生态簇群或社群，构建商业共生体，形成多维战略发展空间，从而突破战略成长边界，实现超常成长；四是通过内在的组织变革、管理机制与制度创新激发组织活力，释放人的价值创造潜能，实现组织与人的价值新增长。

四、战略平衡，灰度经营

量子战略思维既强调"变"，又强调"不变"；既强调打破秩序与结构，又强调重构新秩序与结构；既强调跳出竞争壁垒，又强调在新能级和新结构基础上形成新竞争壁垒。"变"与"不变"并不排斥，因此企业要以变应不变，以不变应万变。

产品或解决方案与客户或市场需求存在于同一个价值假设和增长假设实现的时段中，是一种共生体状态，称之为"产品市场共生轨道"。两者同步相互引导、验证、前行或者转向，直至找到产品或解决方案与客户或者市场需求匹配及共生的环境，一同成长并创造价值。因此创新具有二象性——它既是产品创新也是市场创新，两者相互迭代，成对出现。它既表现为一个产品创新问题，也表现为一个市场创新问题；既是一门科技创新的学问，也是一门商业模式创新的学问。因此，在既没有已知市场也没有已知产品的前提下，技术驱动市场还是市场驱动技术是伪命题。在颠覆式创新的过程中，不应将产品或解决方案的完善与对客户或者市场开发的研究割裂开来，所以研发人员与市场人员必须组成创新业务的命运共同体。这样不仅能够加快迭代速度、降低风险，更重要的是能够找到未来发展的正确方向。

这种创新的二象性原理强调创新时产品设计与市场开发之间的探索关系，二者需要相互影响、相互改变、同步测试、同步进展。因此，基于核心能力的概念设计、核心技术验证、初始产品到迭代后产品，每一个阶段都要求有产品与市场的双向刺激，直到最后找到真正的共生轨道。在这里，迭代速度、成本、同步开发、验证和优化是我们强调的关键性元素。企业应通过技术创新来降低产品成本，向缩短迭代周期、减少迭代次数要效率，以同步验证和优化保证寻找到正确的产品市场共生轨道，以此实现对宝贵的时间和资源的最大化利用，消除创新产品的风险。

在不确定时代，企业的成长并非单一的线性平滑成长，而是以领先的技术创新或颠覆式的客户价值创新与重构实现企业的裂变式与聚变式成长。企业的发展方式主要有两种。一种是分主题裂变——以核心能力为基础，以满足客户需求为导向，不断创造新的产品和解决方案，由此决定发展道路，通过不同的主题，催生多个颠覆式创新企业，以此实现企业的信仰和追求。一种是同主题聚变——以已经形成的产品和解决方案为基础,就同一个主题(同一个产业)在各自的领域内搭建大平台,通过自主建设、并购、合作或其他方式,完成与此相关的价值产业链整合,走聚变发展之路,实现产品和市场的发育及扩张。

这种战略的二象性更多体现在企业领导人的思维方式和价值观方面。华为的任正非用灰度认知管理企业,所谓的灰度,既是他的世界观,也是他的思维方式,同时还是他的方法论,三者构成了任正非的灰度管理哲学。他以此作为认识世界与改造世界的"思想工具",并付诸华为的经营管理实践,这就是任正非的灰度管理,或称为"灰度管理哲学"。灰度哲学,既来自华为的经营管理实践,并在实践中丰富和提升,又反过来指导华为的经营管理实践,同时接受华为经营管理实践的验证。

五、释放内能,聚合外能

企业确定了战略方向、战略成长方式后,进一步需要思考的是企业靠什么增长、成长的资源配置原则是什么、增长的策略与路径是什么,等等。原子战略思维首先关注的是企业已有的资源与能力禀赋,致力于打造独特的核心能力优势，在选定的业务与产业领域内遵循聚焦原则，集中配置资源，以非对称性竞争战胜对手。量子战略思维首先关注和思考的重点不是企业已经沉淀的资源和核心能力优势，而是企业能量释放与能量聚合的力量，以及企业的能级轨道与能量场优势。互联网与智能文明时代是一个关联、连接、交互大于拥有的时代，资源和人才不必为企业所有，但可以为企业所用。战略制胜的关键不是你拥有多少资源与能力，而是基于或超越你的资源与能力，你能关联、连接、交互、集聚多少资源与能力，能够吸收多大的环境能量与市场能量，进入什么样的增长的能级轨道，形成多大的能量场，创造什么样的以平台为核心的产业生态体系。

对于产业领袖或追求做大的企业而言，往往需要遵循能级最低原理与能级跃迁原理，突破现有资源和能力局限，以对称资源动机配置原则重构内在核心能力与产业生态，超越竞争，实现超常新增长。如目前全球互联网领军企业都已构建以平台为核心的生态体系：亚马逊、阿里巴巴等以电商交易平台为核心，向上下游产业延伸，构建云服务体系；谷歌、百度等以搜索平台为核心，做强互联网广告业务，发展人工智能；脸书、腾讯以社交平台为核心，推广数字产品,发展在线生活服务;苹果、小米等以智能手机为核心,开拓手机应用软件市场,开展近场支付业务,以平台为核心的生态战略思维已成趋势。

华为提出要构建内在核心竞争力优势与外在生态优势,企业内在核心竞争力的三大驱动要素是基于产品创新的价值驱动(围绕价值创造、价值评价、价值分配三位一体、良性循环),客户导向(聚焦客户导向、激发组织活力)和人才布局(围绕人才构建组织、配置资源创造价值),以利他文化及利他产业模式构建企业生态体系,借助互联网技术,在内部形成"三张网"(企业内部社交网、伙伴社交网和外部社交网)。这三张社交网络重新定义了企业员工之间、企业与伙伴之间、企业与消费者之间的关系,使其由"相连"走向"交互"。

对于为数不多的大企业或追求做大的企业而言,企业的战略重心主要是构建产业生态并打造平台化组织管理系统,但能够成为平台及构建产业生态的企业毕竟是塔尖上的少数。对于众多小型企业而言,将企业做精、做专、做小、做好并加入某一生态体系或平台不失为一种明智的战略选择,成为被生态化、被平台化的独立核算的自主经营体,与生态化或平台化大企业共创共享,也是一种生存之道。

量子战略思维虽然强调思维的发散与战略的动态选择，强调战略的洞察与耐性，但并不完全拒绝聚焦与专注，在动态选择与迭代中一旦确定了方向，就会将资源集中于选定的方向，并遵循能级最低与能级跃迁两大原理，坚持对称动机资源配置原则。

能级最低原理要求企业做到：（1）暂避正面，主攻侧翼。不从正面进攻主流市场，而是从被主流市场忽略或无视的边缘市场进入，以功能、属性、便利、便宜的产品或服务方案创造出局部无竞争的局面，将主流价值网络的客户拉到我们所创造的新的价值网络中。（2）与其更好，不如不同。我们不用竞争对手的方式去超越对手，不与主流市场的领先者比拼谁的技术更好、成本更低廉，而是选择我们擅长的领域，以我们的优势技术，用不同的营销产品和营销方式进入。（3）巧妙设计，主动构建。主动构建全新价值网络和商业结构，明确客户红线——永远不与客户竞争。如果发现与客户或者客户内部部门有竞争的话，就转变策略：或者往上走，做更高层的产品，把它的客户变成你的客户跟它去竞争；或者往下走，做更低层的产品，成为客户对应部门更低层的供应商。（4）动态变化，敏感反应。能级具有动态变化性,所有会影响产品应用推广、影响产品技术的实现、影响商业结构的事件,都有可能直接影响已经确定的能级大小。要养成对能级动态变化的敏感性,对所有影响能级变化的因素都要及时反应,并能做出相应调整。

能级跃迁原理要求企业做到:(1)与轨道探索匹配。要探索产品市场共生轨道,靠空想是想不出来的。一定的产品及市场的初期投入,是探索更加准确的产品市场共生轨道的必要举措。所以在资源分配时,企业会将探索所需的资源纳入整个预算体系,以不确定性的大小为分配原则进行资源配置,不确定性越大,资源配给的比例就越大,用资源去抵御风险性业务的风险。(2)与客户需求相匹配。资源有限而需求无限,企业的资源分配遵循的是以用户需求为中心的决策原则。(3)与所处阶段匹配。产品的发育、产业的成长及团队规模必须与市场规模及机会相匹配,资源配置不足或者过度配置都是不合理的,企业的资源应按核心业务与产值、成长型业务与增长率、新兴业务与里程碑来分配。

六、数据共享,C2M

原子战略管理模式下的多数制造工厂依然是一个消费者摸不透的黑箱,突破工厂"黑箱",并不是要将工厂车间的每个制造细节、所有流程工序透明化地呈现给用户看,而是要使工厂不再封闭和孤立——从上游原料零部件到终端产品,制造业的长期意义在于帮助下游客户实现价值。从终端到上游,要将用户需求的变化高效地传达给产业链上的每个环节。

大数据时代,企业战略将从"业务驱动"转向"数据驱动"。海量的用户访问行为数据信息看似零散,但背后隐藏着必然的消费行为逻辑。大数据分析能获悉产品在各区域、各时间段、各消费群的库存和预售情况,进而进行市场判断,并以此为依据进行产品和运营的调整。以 C2M (Customer to Manufactory,消费者需求驱动工厂有效供给)个性化定制著称的红领集团,每天通过不同渠道直接面对消费者,接到的个性化西服订单超过 3000 笔,如果靠原始的手工打版,则至少需要 1500 名以上熟练的打版师才能完成。而 1500 名打版师的招聘、培养和聘用,对红领乃至任何一个同规模的西服工厂来说，都是不可能完成的任务。红领集团靠自行研发的 BL 系统，通过大数据和计算机打版，完美地实现了计算机按需设计、按需自动打版，并将模型传递给数字化裁床以及后续工序。这就抓住了柔性制造的核心要点。物联网、传感器、云计算等前沿技术的最大价值，不是让工业企业在更短时间做到更大产量，而是要使工业企业与上游供应商、下游销售端之间实现高度数据共享，增加生产柔性，直通用户实际需求。

青岛酷特智能股份有限公司是成功实践 C2M 模式的另一个代表。酷特通过大数据、云计算等现代信息技术，对个性化服装生产的流程进行智能化的创新改造，在服装个性化定制领域，成功实现了用工业化的效率和成本进行个性化产品的大规模定制。客户首先在网上自主设计，对版型、款式、风格、颜色、面料、里料、刺绣、纽扣、口袋等进行选择，然后预约量体，确定版型，再将所有定制细节拆分，自动排单生产，7 个工作日内交付定制产品。从设计、下单、制版、工艺匹配，到计划排程、生产、入库、配送、客服，酷特的每一个工序均由一张记录着客户需求的电子标签卡指导完成。酷特全信息化的生产流程控制，将传统服装定制 20～50 个工作日的生产周期缩短至 7 个工作日内,达到单个生产单元年生产 150 万套定制服装的产量。效率驱动型的创新让酷特成为同行中的佼佼者,并且帮助酷特找到了一个新的业务增长点,即成为企业转型升级的方案提供者和指导者,目前已帮助 20 多个行业改造了 60 多个项目。酷特通过效率驱动,实施信息化和柔性化生产流程创新,将效率优势不明显的传统服装个性化定制变得高效,这对拥有庞大制造业生态系统的中国制造业具有参考意义。我国制造业领域的企业生产流程优化仍然存在巨大的提高空间,信息化和工业化的深度融合是企业优化生产流程、提高效率的不二之选。

七、感知交互,赋能用户

企业预测市场需要什么产品,就会开发什么产品。但互联网时代是不确定的,因此就需要把原来的层级、步骤和流程彻底打破,重新建立自下而上的机制。企业要深度关注用户到底要什么,他们还需要添加哪些新功能、可选项,有哪些痛点等,用户既是使用者、消费者,也是研发者、设计者和传播者甚至投资者。

今天基于移动互联网的社会化媒体已成为了最贴近人

们生活的信息获取平台。随着信息传播的多元化，人们可以以多渠道、跨屏形式获得自己所需要的信息，网民作为接收端的同时更是内容的制造、分享与传播者。消费者独立性强，更愿意自己做出消费决策。在互联网背景下，产品生产与价值的创造日益走向社会化和公众参与，企业与客户间的关系趋向平等、互动和相互影响。

为了适应这种变化，企业原有的生产要素都需要打散重组，建立与客户深度交互并赋能用户的客户导向型创新。客户导向型创新是指通过产品、服务或业务模式上的进步解决消费者的问题。此类创新主要来源于消费者洞察，找出消费者未被满足的需求，有针对性地开发新的产品、服务与业务模式，然后依据市场反馈不断进行修改和更新。以滴滴、美团、共享单车、盒马鲜生为代表的业务创新均属此类。美图公司就是一家通过精准、深入的消费者洞察开发新产品，获得用户黏性和支持的企业。年轻女性群体是美图公司的核心用户，通过对用户行为和心理的深入洞察，美图公司以"让更多人变美"为使命，希望"成为全球最懂美的科技公司"，创造了美图秀秀、美颜相机、美拍、美妆相机、海报工厂、美图手机等互联网和智能硬件产品。通过消费者洞察，美图的产品创新正从"让用户看起来美"向"真正让用户变美"转变。如美图公司近期推出的美图美妆 App，主打"轻松拍照科技测肤，量身定制美肤方案"的用户诉求，搭载了美图 AI 测肤技术 MTskin，用户可通过一张素颜自拍的照片，得到皮肤的详细测量报告，帮助用户全面了解皮肤状况，并给出针对性的护肤建议、推荐合适的护肤产品，让用户"变美"。基于用户洞察的客户导向型创新，让美图公司在用户体量、用户活跃度、用户黏性、用户忠诚度等方面具备竞争优势，同时也提高了企业的商业变现能力。

八、精神体验，创造附加值

根据量子思维，价值越来越多地来源于人类的创造性思维和技能性活动，产品和服务应满足人类的精神性需求、体验性需求。

体验类产品的品质是由供需双方共同决定的。比如，有一部原本品质上乘、评价很高的电影，而你在影院里观赏时碰巧有观众大声说话、吃东西，发出令你心烦的声音或气味，体验的质量就会大打折扣。一个品牌、一个配方、一款游戏、一幅画作等，它们的价值在很大程度上取决于人类参与其中时的主观感受。迪士尼能让老幼顾客都欲罢不能的秘诀在于其美妙绝伦的体验式营销。沃尔特·迪士尼于1923年创造了迪士尼人物，后开办迪士尼乐园。从动画世界到玩偶、服饰、乐园、酒店等现实领域，甚至在教育、出版领域，迪士尼屏幕上的动画形象就是线下贩卖各类衍生品最好的广告。在迪士尼乐园中，各类游戏和表演是依托动画情节的、整体的建筑和装修是依托动画画面的，连里面卖的食品也依托动画内容。虽然在迪士尼乐园中各类周边产品定价都很高，但因为脑海里已经被植入动画形象，消费者会很容易为高溢价买单。迪士尼乐园通过清晰的市场定位、精心打造的现实童话世界和优质的服务为消费者提供了快乐的美好体验。

　　马斯克的特斯拉新能源车在全球的年销量只是通用汽车的十分之一不到，但它的市值基本与后者相同。是什么赋予特斯拉如此强大的价值创造能力呢？"你不觉得当你靠近车门，门把手自动从车内伸出来的时候是在向你招手吗？你不觉得此时此刻它是在和你互动吗？你没有感受到它在和你说话吗？"特斯拉产品的首席设计师透露了他设计特斯拉产品的关键所在——它需要和车主互动。

第 7 章

量子管理实践：我们已经在路上

一、海尔的人单合一、人人创客

张瑞敏提到，21世纪将是量子管理的世纪。他曾说过："外界永远是混沌无序的，但我们希望从无序到有序。但是互联网时代到来之后，原来那一套管理不灵了，用户的需求是个性化的，现在定一个制度即便执行下去，也不一定对。所以，应该让每一个员工去找到他们自己的市场。"在与左哈尔谈到中国文化时，张瑞敏则提到了东方思维里的量子思维观："《庄子·外物》里有一句话很好，'虽有至知，万人谋之'，可能你的智慧是天下第一，但也比不上一万个人。这个想法就很符合'量子思维'，其实我并不比他们高明，只不过我在这个位置上而已；在这个位置上也并不是要我给他们出主意，让他们照着做，而是应该去创造一个机会，让每个人都去发挥自己的作用。其实，每个人,只要给他机会,能量都是非常大的,都有不可限量的能量。"因此海尔主张,鼓励员工、用户等多方积极参与市场和设计,参与到交互的网络中,一起塑造这个具有无限可能的世界。

海尔在量子管理方面的探索和实践主要体现在以下几个方面。

1. 人单合一

海尔"人单合一"的思想自2005年提出以来,已被全世界多家主要的商学院,如哈佛商学院、斯坦福商学院、沃顿商学院等写入教学案例,并成为哈佛商学院师生最受欢迎的案例之一。"人"是员工,"单"是用户,员工和用户合一,是价值导向的合一,员工一定要为用户创造价值,用户需求一定会反过来成就员工。人单合一是海尔管理思想的结晶与总体概括。其内涵包括以下几个方面。

第一,"人单合一"是供需融合和统一的价值理念。张瑞敏多次指出,"人单合一"中的"人"是企业中的人,可以是员工,也可以是团队、小微组织等;"单"则是用户的需求和价值。"人单合一"的目的在于创造终身用户。我们可以将"人"理解为供给侧,将"单"理解为需求侧。

这两者之间的矛盾是企业经营的最大难题，也是市场经济非均衡波动最重要的根源。"人单合一"旨在弥合、消除供需两者之间的错位和失衡，实现两者的统一。它是互联网时代追求用户价值的统领性经营原则，是具有革命性意义的企业战略理念。

第二，"人单合一"是与用户直接交互的价值创造活动。在互联网平台上，利用顾客网络社区、社群的组织机制，企业及其成员与用户无论何时、无论何地都可以直接互动、交流，真正做到融为一体。正因如此，组织打破了边界——用户在哪里，组织就在哪里；同时，可以真实、准确地把握用户需求，并借助反应敏捷的价值创造系统回应和满足用户需求。这样，传统的规模化"端对端"流就会分解为众多的微小价值循环，既能满足用户的个性化需求，又能提高产品价值的迭代速度。

第三，"人单合一"是分布式的组织形态。要满足微小用户群体的个性化需求，与用户在同一时空下直接交互，庞大的集中控制型组织形态是无法做到的。张瑞敏认为，传统组织是围绕总体目标的线性组织，而非致力于满足用户需求的非线性组织。用户群体不断分形、变化，用户需求处于流动状态，客观上要求企业组织更具弹性和灵活性。

"人单合一"的小微组织顺应和追随市场需求之势生成、变化，以分布式以及自组织形态应对外部环境的不确定性，对于捕捉市场机会、深化用户关系具有重要意义。

第四，"人单合一"是市场化的激励和共享机制。张瑞敏曾提到，"人单合一"应该扩展为"人单酬合一"。这里的"酬"是小微组织（包括内部成员）的报酬，它来源于外部用户。也就是说，是用户为小微组织支付报酬。用户获取了价值，支付了价格，企业内部的价值创造者则分享其中的增值部分。小微组织及成员分享利益时，不仅依据产品销售及盈利指标的考核结果，还要考量用户资源的积累、"引爆"以及用户忠诚等指标的完成情况（即双维度评估）。这种市场化、长期化的激励机制——同时也是用户价值责任机制——是对传统企业激励机制的颠覆，是驱动组织面向市场、深化用户关系的有力手段。

第五，"人单合一"是员工自治的治理模式。"人单合一"是赋能型管理模式，小微组织拥有较大的自主权，每个员工都是自主的。张瑞敏认为，"人单合一"模式要求领导者放权。领导者手里的权一共有三样——决策权、用人权、薪酬权。如果不能把它们还给员工，"人单合一"是没法学习和推行的。传统的组织治理模式，权力来源于财产和资本，企业内部的权力是自上而下层层授予的；而在用户价值时代，权力来源于用户，企业的权力结构是自下而上的——员工基于为用户创造价值的需要确定自己应获取的权力种类、范围等。这是责权清晰、责权对等的倒金字塔型企业治理架构，将用户为本和员工为本有机地统一起来了。

"人单合一"从理论到方法，形成了一个零距离连接用户、对用户个性化需求做出敏捷反应、创造顾客价值的自治、自为的整体性体系。"供需融合"是内核和牵引，"直接与用户交互"是价值创造方式；"分布式"和"自组织"是价值创造的组织保证，而"用户付酬"和"自主治理"则是组织运行的驱动及约束机制。"人单合一"强调用户的社群、共享与体验，可有效应对互联网和物联网时代的需求，它完成了以下四个方面的重构。

首先，"人单合一"重构了个体与组织的关系。"人单合一"把个体与组织间的从属关系重构为共生关系。"人单合一"管理模式下，员工的指令来自用户，而不是上级，上级只对员工的工作起服务与支持的作用，克服了上有政策下有对策的恶性循环，从内在激发了员工的活力。

其次，"人单合一"重构了组织内部的结构关系。"人单合一"颠覆了传统的组织结构,把传统的科层制金字塔结构转变为平台化的网络组织,使企业从大型的管控组织裂变为小微公司群,直接面向用户创造价值。小微公司之间是基于用户价值创造的共生关系。让组织中的人和人,甚至在整个产业生态圈环境内外部的人和人之间以用户价值为中心实现按单聚散、动态合伙,让组织升级成一张活性网络。员工被真正从传统科层制中解放出来,直面市场和用户,整合资源,自我实现。

再次,"人单合一"重构了员工与用户的交互。"人单合一"关注员工与用户的交互,从单向供给转变为企业多元服务,两者的连接是立体的,交互也是必然、多次和实名的。海尔实现了用户与员工的直接连接、直接交互和深度交融,能够更精准地洞察用户的个性化需求,配合大规模制造的能力,为实现大规模定制提供了重要的基础。

最后,"人单合一"重构了组织的边界,企业外部的创新创业人才,也可以加盟到海尔的大平台上来,一起实现这种动态合伙。"人单合一"管理模式开放了组织的边界,使内外部资源紧密相连,通过互联网平台整合在一起,进行有效的互动与应用。"世界是我的研发部"是海尔开放边界的生动体现。

2. 人人创客

海尔的每次转型过程都围绕"企业即人，管理即借力"的理念实施。从日清日高、到人单合一双赢模式，再到今天的人人创客，海尔一直在围绕用户做出改变。

张瑞敏认为，海尔给员工提供的不再是工作岗位，而是创业机会，员工是创客和自己的 CEO，而海尔则变成了一个平台。海尔一直信奉：没有成功的企业，只有时代的企业。量子管理在不确定的互联网时代，更能自我适应、存续与发展。

海尔靠什么机制实现创客的自驱动和自运转，如何激励他们？对企业变革而言，最重要的无非两点：第一是组织架构，第二是薪酬。组织架构决定企业中的人拥有什么职能、哪些权力；薪酬则是激励体系。在组织层面，海尔将两项权力让渡给基层员工和基层创业者：一是决策权，用什么人可以自己决定；二是分配权，多得与少得由自己决定。在薪酬层面，海尔所做的改变是从过去的岗位付薪转变为用户付薪。其实核心就是两点：同一目标、同一薪源。过去生产、研发、市场等部门，只要做完自己的工作就可以拿到报酬，但现在这些部门必须要围绕一个共同的用户目标，签订一个市场契约。这个契约的目标也是薪酬的来源。

传统组织是串联式的，从企划研发、制造、营销、服务一直到最后的用户，企划与用户之间有很多传动轮，这是企业里的中间层，但这些传动轮并不知道用户在哪里。还有一些企业外的中间层，比如供应商、销售商。这些中间层拉远了企业和用户之间的距离，让系统损失了许多能量。因此，海尔提出"外去中间商，内去隔热墙"，也就是将架设在企业和用户之间的引发效率低下和信息失真的传动轮彻底去除，让企业和用户直接连在一块，从传统串联流程转型为可实现各方利益最大化的利益共同体。各种资源可以无障碍进入这个利益共同体，同时能够实现各方利益的最大化。现在的海尔没有层级，只有三种人——平台主、小微主、创客，而且它们都在围着用户转。平台主从管控者变为服务者，员工从听从上级指挥到为用户创造价值，个人变成了创客，这些创客组成小微企业，创客和小微主共同创造用户、市场。

海尔推行用户付薪，只有用户评价好，员工才可以分享价值。所以，生产人员和研发人员都是创客，每家小微公司都有自己的损益表。所以每个人都要找用户，然后找到用户付薪的机制,实现这一目标。如果找不到,那要么继续找下去,要么退出、离开这家企业。经营也在转变,创客不仅要考虑自己,还要考虑生态,要考虑在产业链上有多少收益或者多少增值。也就是说,不光自己要赚钱,与自己合作的利益相关方也要能挣钱,这就是海尔倡导的"共创共赢"。

大量小微公司加上社会资源,就变成了一个生态圈,共同创造不同的市场。并联于平台的多个生态圈,面对着不同的市场和不同的用户。过去,海尔选择人才要经历选、用、育、留的人才发展体系,但现在采用的是"动态合伙人机制"。也就是说,只要你有能力,就能在平台上创业。而"动态"所表达的是,你若不能在平台上创造价值,就很可能被取代。

"创客就像是站在悬崖边上往下跳,你要在下坠的过程中长出翅膀、做出飞行器,重新上升。创客是条不归路,也只有把人逼上绝境,才能绝处逢生。"海尔大学校长孙中元这样比喻。

海尔的创新和创客文化并未止步于企业内部。张瑞敏深信"世界是无边界的",正因如此,海尔也是没有边界的。新的创意和必要的服务也可以来自公司外部。张瑞敏认为，海尔是所有想创业的人以及可以为海尔产品提供增值和服务的企业的平台。在海尔从传统企业文化向创客文化的转型中，张瑞敏也从一个过去属于金字塔顶端的CEO转型为员工的服务者，他这样总结海尔量子转型的内在逻辑：海尔倡导"服务型领导文化"，在企业中努力培养一种谦逊和服务的氛围，海尔的服务对象包括：用户——通过各种形式的交互获取用户需求；员工——将每个员工转变为创客的抱负；社区——大量社区店和社区服务的布局；地球——由绿色能源项目体现；未来一代人——积极参与希望工程，在中国偏远地区兴建学校。

3. 自组织、自创业

海尔很早就取消了KPI考核，如今的海尔取消了中层管理，组建起一个个内部的自组织。企业不再是科层制，它只是一个创业的平台，每一个员工都是创业者。海尔从生产产品的企业转变为孵化创客的平台，上千个自创业、自组织、自驱动的小微组织自主经营、自负盈亏并按单聚散。

2017年1月14日，张瑞敏在演讲时谈到创业，他说："自创业的前提条件是什么？前提条件是一定要把三权归还给员工。一个是决策权，一个是用人权，一个是分配权。

三大权力归于员工,员工就可以自己创业。"加里·哈默就海尔的组织变革评价道:"海尔是打破企业家精神与企业规模之间矛盾的典范,每个雇员都是开放式的网络,都有机会成为企业家。"他认为海尔制不仅可以解决欧洲企业官僚主义的大企业病,还有可能成为未来资源配置的社会模式。

量子管理最大的风险是,企业对失败的包容程度到底能够有多高。张瑞敏认为,过去企业是一个管控性组织,但是现在它变成了创业平台,每一个创业团队都是一个自组织,需要加快的是自组织的社会化。以投资为例,过去是海尔给部门投资,现在要变成社会化投资——社会上的风险投资看好了,可以进入一个项目;如果风险投资不看好,那这个项目就可能是有问题的。另一个例子是人才的社会化——目标定了之后,如果现有人员能力不足,那就要从社会上招人或促成合作。资本的社会化和人才的社会化可促使自组织真正不断地自我优化。

二、华为的灰度管理哲学

灰度哲学,既来自华为的经营管理实践,并在实践中丰富和提升,又反过来指导华为的经营管理实践,同时接受华为经营管理实践的验证。

现实中灰是一种常态,黑与白是哲学上的假设,所以,任正非反对在公司管理上走极端,提倡系统思维。他指出,或许我们还不知道什么是正确的,但是我们一定要知道什么是错误的,在错误的边界之外,我们就一定能走向正确的方向。"知白易,守白不易;知黑易,守黑不易,守黑之白尤其不易。黑之白,谓之灰。"

1. 任正非灰度管理的应用

第一,以灰度看人性,就必须摒弃非黑即白、爱憎分明、一分为二的认知方式与思维模式。任正非主张华为的干部政策应该偏灰色一点,路归路,桥归桥,不要把功和过搅在一起,不要嫉恶如仇,不要黑白分明,也不要排斥一些假积极。他有一个重要的观点:在华为能够假积极五年就是真积极,真积极固然值得肯定,假积极更值得同情,因为这样做人更难。

第二,以灰度洞察未来,制定战略和目标。未来到底怎么样谁也无法预测,但任正非通过自己的灰度哲学得出了一个重要的行动标准——方向大致正确,组织充满活力。不盲目悲观,也不盲目乐观。有灰度,方能视野开阔、把握不确定性、看清未来方向、认清战略目标，以实现"方向大致正确"。华为能够长期保持战略方向的"大致正确"，一大重要原因就是任正非的灰度管理哲学，"坚定不移的正确方向来自灰度、妥协与宽容"。以内部规则的确定性应对外部环境的不确定性、以过程的确定性应对结果的不确定性、以过去和当下的确定性应对未来的不确定性、以组织的活力应对战略方向的混沌。

第三，以灰度看待企业中的矛盾关系。在企业经营管理过程中存在着大量相互矛盾和相互制衡的关系，如激励与约束、扩张与控制、集权与放权、内部与外部、继承与创新、经营与管理、短期利益与长期利益、团队合作与尊重个性等。这些矛盾关系构成了黑白两端。任正非以灰度观来看待和处理这些关系，不走极端，不玩平衡，对内外部关系做出智慧的决策，其核心就是依据灰度理论，抓住主要矛盾和矛盾的主要方面，抓住牛鼻子，将这些矛盾转变为公司发展的动力。在华为的发展历程中，任正非一直强调的"乱中求治"与"治中求乱"，是其灰度发展观的体现；而"深淘滩，低作堰"则是处理内外部关系的灰度准则。

第四，以灰度培养选拔干部，培养领导力，把灰度作为高层管理者的任职资格。"开放、妥协、灰度是华为文化的精髓，也是一个领导者的风范，领袖就要掌握灰度。"《华为人报》曾把"裂枣"写成"劣枣"，被任正非坚决地纠正过来。"公司要宽容'歪瓜裂枣'的奇思异想——你怎么知道他们就不是这个时代的梵·高，这个时代的贝多芬？"他强调对事旗帜鲜明，对人宽容妥协，高调做事，低调做人。干部放下了黑白是非，就会有广阔的视野和胸怀，就能够海纳百川，心存高远。

第五，以灰度把握企业管理的节奏。任正非一直强调，作为高级管理者，在企业经营管理过程中，必须紧紧盯住三个关键点：方向、节奏与人均效率。当企业的方向大致正确之后，经营管理节奏的把握就成为领导力的关键。着急和等不及，与不着急和等得及的节奏把握，就是任正非灰度管理的最好体现。方向与节奏是战略问题，人均效率是人力资源问题。华为各个部门的考核表考核内容都不一样，但永远有两个指标是相同的，一是人均效率、二是客户满意度。

第六，以灰度洞察外部商业环境。对于外部商业环境，任正非是以灰度的视角洞察的。他从来不抱怨外部商业环境的险恶，总是以乐观主义的态度评价宏观层面的问题。

10年前,华为就把竞争对手称为"友商",并把"与友商共同发展,既是竞争对手,也是合作伙伴,共同创造良好的生存空间,共享价值链的利益"作为公司的战略之一。

2. 任正非坚守的三维灰度

(1) 时间轴灰度

人们普遍认为任正非充满了忧患意识,"华为的冬天""华为的红旗到底能打多久?""20年后的华为是坟墓""唯有惶者才能生存"等言论,无一不说明任正非是一个悲观主义者。但在另一些情境下,任正非摇身一变又成为乐观主义者,"北国之春""除了胜利,无路可走""无人区""我们走在大路上,意气风发,斗志昂扬,没有什么能阻挡我们前进"也是他给人们留下的记忆。

任正非认为决策的过程是灰色的,所以决策层必须有开放的大脑,妥协的精神,这样才能集思广益,但越朝下越要强调执行。高层决策忌快,慢一些才会不出错,基层决策讲究速度,讲究效率。

(2) 空间轴灰度

给华为的灰度管理加上空间轴,整个管理图景是非常丰富多彩的。从外部来看,方向大致正确;从内部表现来看,组织充满活力。对于研发,华为主张"板凳要坐十年冷""是金子总会发光的",甘于平淡,耐得寂寞,默默奉献,厚积薄发。对于市场,华为强调狼性,"胜则举杯相庆,败则拼死相救",常提的名词是"枪林弹雨""一线呼唤炮火""班长的战争"。对于人力资源,华为强调未来人力资源体系的整体定位是为公司找英雄、找领袖,鼓励员工冲锋。

(3) 结构轴灰度

从内部结构来看,任正非的认知也是强调灰度的。例如"高层要有使命感、中层要有责任感、基层保持饥饿感"。又如"高层任人唯亲,亲就是文化认同,中基层任人唯贤"。"要砍掉高层的手脚,他只能干一件事:仰望星空,仰望星空就是战略,就是对未来的认知。砍掉中层的屁股,别老坐在那里。砍掉基层的头脑,别胡思乱想了,把你的工匠精神充分发挥"。

3. 拥抱不确定性

任正非说:"我们坚信,未来二三十年人类必然走进智能社会。今天,人类社会正处于新理论、新技术再一次爆发的前夜。发展潜力巨大,但也存在诸多不确定性。很多问题依然存在,但开放创新是最好的解决之道。"谈到具体的许多引爆点时任正非指出:"电子技术到了3纳米、1纳米后,不会因摩尔定律的失效而停下发展的脚步,还会继续前进,只是前进的实现形式还不知道罢了。我们曾经期望通过石墨烯来实现,但直到今天还不是很清楚。基因技术在这二三十年一定有大的突破,它将促使生命科学、生物技术、纳米医疗实现巨大进步,给人类带来的变化还不可知。分子科技可以用来合成前所未有的材料,新材料、新技术不断出现,我们现在完全看不清楚。人工智能在此期间必将得到充分应用,对社会进步的促进和改进,以及相应的财富的增加形式还无法构想。量子计算在这个时期突破普及,将带来信息流量的爆炸,产生的影响绝对不会是我们想象的样子……"

"单学科技术的进步,给我们带来新的机会,已经让人目不暇接了,而跨学科领域的突破产生的巨大冲击波更令人震撼。任何创新都伴随信息流量的爆炸式增长,这些超大容量的数据的存储、传送、处理会产生什么需求,不能预测!但可以确定的是,越来越多的数据将存储在云端,并在云上进行处理。""总之,我们不知道未来的社会结构会是什么样的,如何去适应它,驾驭它。各种新思想、新技术都方兴未艾。跨学科的'链式反应'是这一波科技创新的新特征,比如,信息技术已经成为所有领域科学研究创新的基础,如同信息技术已经成为各个产业的基础一样。"

万物互联,跨学科的"链式反应",造就了一个含有巨大不确定性的世界。人们要适应这样不确定的世界,就需要对思维方法进行重大的转化。

"已经明确的是,我们要加强信息社会的基础设施建设。基础有两部分:硬基础(技术本身)、软基础(应用技术所需的规则、技能等)。硬基础是一系列信息技术持续进步的前提,这就如同汽车没有高速公路就跑不快一样。软基础涉及人才、监管等,但关键在于人才。全世界要迎接这个新时代,必须发展教育,在提高全民文化素质的基础上,在充分的学术自由、思想自由下,培养百花齐放的人才。"

要迎接这个全新的时代,需要推进人的自由全面的发展,需要人开启自己的智慧,需要开启内在的巨大的无穷性。欲达此目的,必须发展教育,提高人的文化素质,打开人的好奇心和求知欲,去自由探索未来的世界。

"站在智能社会的门口,我们要展望二三十年后华为将在这个新的社会结构中扮演什么角色。疏导巨大的信息洪流就是我们公司未来二三十年的战略定位。疏导、分发、存储与处理数据流量，就是我们的战略方向，也是我们长期的奋斗方向，奋斗必须在大方向上要有连续性，在不同阶段应有适应性。"最后，在高度不确定的时代，任正非找到了真理：在智能社会新时代，华为将"坚持合作开放共赢，坚持与全世界共建生态，坚定不移地拥抱全球化"。

三、德胜洋楼的激活个体文化

总部位于苏州工业园区波特兰小镇的德胜洋楼始建于1997年，员工不足千人，其中很大一部分是由农民工构成的建筑工人，德胜洋楼不是房地产开发商，而是一家房屋建造商，其主业是设计和建造美制木结构住宅（一种轻型木结构的低层单户住宅，中国俗称"美制别墅"），年营业额6亿元左右。

德胜公司的业务在中国虽然做到了第一（市场份额曾高达70%左右），但业界之外却鲜有人知，即使是苏州当地人，也并不太了解。当然，如果用心，网上还是能找到不少的信息。英国的《经济学人》周报2004年曾对德胜公司作过报道。报道中说:"加入德胜的员工。都会拿到一份86页的手册,手册里包括公司的规章制度——从工作安全到个人卫生等。"公司要求员工"在三个月内改变他们的个人习惯",如此方能被公司接纳,进而培训他们成为专业的产业工人。手册里面也包括各种情况下的奖惩条例。

《经济学人》报道中所说的"86页的手册",就是现在公开发行的《德胜员工守则》的前身——《德胜公司员工读本(手册)》。虽然没有公开出版,但《读本》在一定的范围内已经是小有名气了。许多来德胜公司参访的人,都会指名要这本小册子。

2004年年底,后来成为此书主编的周志友先生慧眼识珠,发现了这本手册所蕴藏的巨大价值,在他坚持不懈的努力之下,征得公司最高领导者聂圣哲先生同意,出版发行了《德胜员工守则》。此书一经出版,立刻获得管理学界、企业界和社会其他各界的高度赞扬和认同,德胜洋楼由此声名鹊起,各界慕名来学习、考察、参观的人数以万计。

2013年《德胜员工守则》全新升级版发行,其时量子思维和量子管理等概念都尚未广为人知,人们都还是在当时管理理论范畴内去解读德胜公司的。时至今日,借用丹娜·左哈尔教授的观点重申：认真观察，可以发现今天在中国和世界上如日中天的互联网企业以及传统行业中经营或转型相对成功的企业，都在一定程度上具备了量子组织的特征。那么，用量子思维的新视角解读德胜公司，德胜公司具备了哪些量子组织的特征，又会给我们带来怎样的新启迪呢？

用量子思维来看人和组织，每个人都是网络上具有能量的节点，个体的价值视其链接的程度，被链接得越多，价值就越大。人是量子组织中最活跃的因素。管理的本质因此被定义为：激发人（本身具有）的善意和潜能。两种不同的思维模式和观念，会形成两种截然不同的管理模式。外界看德胜公司，大多认为德胜公司是"以制度规范员工行为取胜"的，殊不知，达到现代产业工人素质标准的德胜员工是自由的、快乐的和幸福的，就像法律制度保障下的合格社会公民，得到的是安全的社会保障，却并未感到被束缚的不自由。

聂圣哲先生认为："除了劳资关系这一点之外，其他都是平等的，只是分工不同而已。"在德胜公司，员工的岗位可以不同，人格却是平等的，德胜员工参与德胜的组织建设，共同陪伴德胜公司的健康成长。

1. 德胜"听证会"制度

企业的规章制度确立后,还必须在管理实践中检验,随企业发展而增删。譬如:在管理实践中发生了一些新情况、出现了一些新问题,而规章制度中却并未涉及应如何处理,一般企业就会让相关管理部门增加一些新的条款。而德胜却是通过"听证会"制度来加以应对的。

以裁决违纪行为的听证会为例,听证会由管理部门选择7~9人出席(保持单数,以利投票表决),出席者的条件是:与违纪者非同一部门、没有亲属和利益关系,有想法、能表达、为人诚实、公正,而且多数是一线员工,以利充分表达员工意愿。为了保证听证会的公正性和有效性,公司还制定了主持中立规则:主持人不得发表意见,不得总结别人发言,必须保持中立和公正。主持人是"裁判员",就不应是"运动员";主持人有"主持权",就应放弃"发言权"。主持人发言时不能跑题、攻击、独占,以此避免管理者的"一言堂"。管理人员可担任主持人,却无法主导听证会的结果。召开听证会之前,调查员会事先作充分调查和资料收集,并写出调查报告,以备听证会使用。每次听证会召开前,还会向全公司发出通告。听证会有一小时的陈述和互相辩论，当事情的经过、事实与性质认定清楚后，听证团（陪审团）成员根据公司的情况，做出听证报告，决定给予当事人哪些处理，并将议案报聂圣哲审核。如果听证会的决议补充了相关规定的不足，就会成为今后的管理条例。

听证会是德胜公司的一道特色菜，是德胜公司为保障制度有效执行和持续完善，对违反制度的员工进行公平、公正、公开的调查、审理、裁决的一项措施，也是员工参与管理的有效方式。每个员工都是扁平化组织网络上的一个节点，平等、公正地参与组织决策、决议。员工因被尊重而受到激励，用积极的心态参与组织建设和发展。

德胜公司洞悉人性的本质，在诸多方面做出了符合量子管理特征的制度安排。除了以上"听证会"制度外，我们再来看另外一个充分激发内驱力的制度设计。

2. 年度运营总监选举

德胜公司的"年度运营总监选举制度"，是又一个具备量子管理特征的人性化制度设计典范。

德胜洋楼不是房地产开发商，而是一家房屋建造商，其主业是设计和建造美制木结构住宅，因此每年有多少个项目,就有多少个工地,也就有多少个项目经理,这些项目经理由年度运营总监统筹、协调、管理。但是在德胜公司,运营总监并不是一个管理层级,他也是项目经理中的一员,是被大家推举出来进行总体管理协调的。而且,这个头衔不是一个终身职位,而是一个特定于相关年度的定期职位。

德胜公司的运营总监是一年一换的,每年年末,由全体项目总监一人一票选出下一年度的运营总监。运营总监虽不能连任,但到再下一个年度,还可以再次获得被选举权,如果工作有成效,人品获得大家的肯定,就可以再度当选。此时,这个运营总监的头衔,就不再单纯地与物质利益挂钩,同时也和大家对其人品的尊敬、对其管理能力的认同连在一起了。德胜这一深谙人性的"年度运营总监选举制度"使当年在位的或不在位的运营总监都自发自动、兢兢业业地完成自己的工作。

四、酷特智能的大数据定制化生产

"每一次生产都不能是盲目生产,而应该是有的放矢。"张代理说。他口中的"有的放矢",指的是由需求直接驱动生产。酷特智能车间内的每一件服装背后,都是一个实实在在的客户订单,每一件服装的生产都是客户需求直接驱动的,而不是管理部门排计划或拍脑门的决定。

从传统服装行业起家的张代理,深知传统生产方式的弊端。大规模的资金投入、模糊的市场预期、变幻的价格曲线,这些都是企业经营的巨大风险,即使是出口代工型企业,也面临着国际品牌商的利润压榨和违约风险。因此,在张代理带领酷特智能进行自我变革的道路上,"需求直接驱动生产"一直是企业的金科玉律,个性化定制也成为一种必然的选择。

个性化定制易,大规模个性化定制难,但张代理并没有因此退缩。他进行了长时间的探索,尝试利用数据而非人工,全流程驱动大规模个性化定制。

"互联网、大数据等先进技术的进步与应用让这个时代的沟通变得更加直接和扁平化,传统的企业组织架构和管理方法变得越来越不合时宜。"张代理表示,"企业的个性化生产完全靠数据驱动后,企业的领导、部门、科层以及审批等原来的组织架构和管理方式甚至可能会阻碍企业生产的正常运转,因此,必须要完成组织架构和管理方式变革。"

张代理提出了企业的治理之道:在这种全新的管理哲学下,企业组织架构趋于扁平,中层管理人员不复存在,员工和企业的关系从打工者与雇佣者的关系模式中走了出来，管理方式由过去的指令式管理变为如今的自我治理。

"每个员工都能在数据的驱动下，准确地完成自己的工作，班组长、车间主任、厂长等原来的管理层就不再需要了。"张代理说。在他看来，数据驱动高效率的生产，而原先企业组织架构中的复杂层级以及层层管理、审批的机制反而会拉低企业的效率。

由受人管理变为自我治理，员工的积极性要如何保证？张代理表示，没有了上下级、领导之分，每一位员工都变成了企业的合伙人，从被监管到自我监管、从被动接受到主动创造，这种身份的转变，本身就可以在无形中提高员工积极工作的意识。同时，在酷特智能的数据驱动生产模式下，员工的工作量是随时可量化且清晰可视的，员工可以随时自我激励，将"为企业老板打工"的想法转变为"为自己打工"。

在向其他中小企业输出生产模式的同时，张代理也在输出自己的这套管理哲学。到目前为止，已经有包括阿里巴巴、腾讯、华为、海尔在内的多家企业参访团来到酷特智能参观，他们意欲了解的不仅是张代理打造的生产模式，还想与这位企业家深度交流对企业经营管理的思考。